Alexander A. Gorjinia/ Jim Herman
Einfach besser führen
Wie Sie sich und andere noch erfolgreicher machen

Alexander A. Gorjinia/Jim Herman

Einfach besser führen

Wie Sie sich und andere
noch erfolgreicher machen

Alle Ratschläge in diesem Buch wurden von den Autoren und vom Verlag sorg-fältig erwogen und geprüft. Eine Garantie kann dennoch nicht übernommen werden. Eine Haftung der Autoren beziehungsweise des Verlags und seiner Be-auftragten für Personen-, Sach- und Vermögensschäden ist daher ausgeschlos-sen.

Bibliografische Information der Deutschen Bibliothek

Die Deutsche Bibliothek verzeichnet diese Publikation in der Deutschen Na-tionalbibliografie; detaillierte bibliografische Daten sind im Internet über http://dnb.d-nb.de abrufbar.

ISBN 978-3-947942-98-5

Umschlaggestaltung: Bettina Knell, Großkrotzenburg | www.knell-design.de
Satz und Layout: Dr. Alex Klubertanz, Garmisch-Partenkirchen
Produktion: www.rocket-libri.com

1. Auflage
Copyright © 2019 Enkelmann Erfolgs Edition GmbH, Königstein/Ts.

www.enkelmann.de

November 2019

Inhalt

Vorwort

Was haben Sie bisher nicht alles für Ihre fachliche Weiterbildung getan! Schließlich wissen Sie ja aus Erfahrung und Beobachtung, dass nur der Beste auf seinem Gebiet an die Spitze kommt: Der Ingenieur mit dem solidesten Fachwissen wird zum Leiter der Entwicklungsabteilung, der fleißigste Arbeiter wird zum Vorarbeiter, der beste Buchhalter wird zum Leiter der Buchhaltungsabteilung, der Star im Team wird zum Leiter des Teams. Aber wenn Sie es geschafft haben und plötzlich Führungsverantwortung tragen, wird Ihnen klar, dass alle Ihre fachlichen Kenntnisse nicht mehr gefragt sind. Denn eine Führungskraft wird nicht zum Ausführen, sondern zum Führen gebraucht!

Von einem Tag auf den anderen sind Ihre mühsam erworbenen Kenntnisse nicht mehr viel wert. Im Gegenzug werden jetzt Kenntnisse von Ihnen verlangt, die Sie bisher noch nie trainiert haben – Führungskenntnisse. Jetzt ist Ihre Kompetenz im Umgang mit Menschen, Ihre Motivationsfähigkeit gefragt. Sie sollen andere mitreißen und begeistern können. Sie sollen Ihre Mitarbeiter von Ihren Zielen überzeugen und gleichzeitig ihr Herz gewinnen: Denn wer das Herz gewonnen hat, der hat auch den Kopf gewonnen!

Menschenführung ist ein großes Privileg. Wer die Kunst der Menschenführung versteht, kann andere Menschen zu Höchstleistungen motivieren. Selbst die höchste fachliche Kompetenz nützt erst dann, wenn andere Menschen Sie unterstützen, diese Fachkompetenzen auch einzusetzen.

Sie sind ein Vorbild für Ihre Mitarbeiter. Sie leben den Geist Ihrer Firma vor. Und Ihre Mitarbeiter spiegeln im Grunde Ihre Seele wider.

Sie sollten nicht führen können – Sie müssen es!

Siegerteams fallen nicht vom Himmel, Siegerteams werden gemacht. Und da ein Team aus Menschen besteht, ist die wahre Kunst der Menschenführung, den einzelnen Menschen zu erkennen. Und hier liegt die große Herausforderung, denn natürlich gleicht kein Mensch dem anderen. Menschen haben Stärken und Schwächen. Die Aufgabe eines Leaders ist, die Stärken zum

Nutzen des Unternehmens einzusetzen. Dabei spielt Empathie eine ganz gro
ße Rolle. Es wird oft suggeriert, dass Empathie eine Schwäche sei. Wenn Sie
aber große Führungspersönlichkeiten studieren und beobachten, werden Sie
erkennen, dass eine ihrer größten Stärken die Empathie ist.

Meine Begegnung mit Jim Herman ereignete sich zu seiner Zeit als US-Generalkonsul in Frankfurt am Main, begann überaus ungewöhnlich und mündete in eine nun schon langjährige Freundschaft. Unsere erste Begegnung fand
in der Frankfurter Residenz des US-Generalkonsuls statt. Jim wollte gerne an
seinem neuen Arbeitsplatz Menschen aus Frankfurt kennenlernen. Ich war
auch schon mit seinen beiden Vorgängern gut bekannt, und so fand ich mich
plötzlich auf einer Dinnerparty wieder. Wie auch die anderen zehn, zwölf Gäste – hauptsächlich Vorstände aus den größten deutschen Firmen und Banken – erwartete ich einen eher formellen Rahmen. Sie können sich die Verblüffung aller vorstellen, als uns ein freundlicher, untersetzter, bärtiger Herr
mit Hawaiihemd und Cowboyhut in der hochherrschaftlichen Villa begrüßte.
Das Outfit wurde komplettiert durch bunt geringelte Socken. Auf Schuhwerk
hatte unser Gastgeber verzichtet. Unsere anfängliche Verblüffung wich ob der
Herzlichkeit unseres Gastgebers sehr schnell einem Gefühl des Willkommenseins und Sich-Wohlfühlens. Die Atmosphäre hatte sich also schon gelockert,
als das Dinner begann. Zwischen den fünf Gängen gab Jim uns, die wir einander fremd waren und uns nur vom Sehen kannten, Aufgaben. So forderte er
einmal jeden in der Runde auf, ein persönliches Geheimnis preiszugeben. Man
kann sich vorstellen, dass den Gästen – auch mir – erst einmal die Gesichtszüge entglitten. Wer rechnet mit sowas? Aber als der Anfang gemacht war, ließen
sich alle darauf ein. Als der Abend endete, gingen wir alle mit dem Gefühl auseinander, dass uns jetzt etwas verbindet. Bis heute halte ich mit den meisten
der damals Anwesenden guten Kontakt.

Dieser Abend beschreibt sehr gut, was Jim Herman ausmacht: Aus Fremden eine Mannschaft zu formen und ein Umfeld zu schaffen, in dem sich alle
wohlfühlen.

Deshalb war es mir auch eine so unbeschreibliche Freude, mit meinem
Freund Jim Herman, einer der charismatischsten und herausragendsten Führungspersönlichkeiten, denen ich in meiner Laufbahn begegnet bin, und der in
hohen diplomatischen Ämtern überall auf der Welt für Jahresbudgets von bis

zu zwei Milliarden Dollar verantwortlich war, gemeinsam dieses Buch schreiben zu dürfen, in dem er mit seinem praktisch erprobten Wissen Führerschaft für den Leser unmittelbar erlebbar macht.

Ich wünsche Ihnen viel Spaß beim Lesen!

Ihr Alexander A. Gorjinia

Vorwort von Jim Herman

Aloha!
Ich wurde in Texas geboren und verbrachte dort sowie auf Hawaii viel Zeit. Diese beiden Orte prägten mich und machten mich zu dem, der ich heute bin: unabhängig, abenteuerlustig und erfüllt von »Aloha«. Ich bin in meinem Leben schon Dutzende Male umgezogen. Dabei versuche ich zentriert zu bleiben, indem ich diese Eigenschaften — mein Zuhause — überallhin mit mir mitnehme. Stellen Sie sich meine Überraschung vor, als ich feststellte, dass ich den »Aloha-Spirit« — ein Gefühl des Willkommens, Respekts und Spaßes — nicht nach Deutschland bringen musste, als ich zum Generalkonsul im US-Konsulat in Frankfurt ernannt wurde. Die Deutschen verfügten darüber nämlich bereits in reichlichem Maße!

Einer dieser Menschen voller Aloha war Alexander, der mich willkommen hieß, mir vieles über Deutschland erklärte und mir half, als Führungspersönlichkeit zu wachsen. Ich war begeistert, als er mich bat, dieses Buch mit ihm zu schreiben, denn so konnten wir unsere Freundschaft stärken und vertiefen. Ich hoffe, auch Sie, liebe Leser, finden diese Zusammenarbeit fruchtbar und Ihr Führungsstil profitiert von dieser gemeinsamen Anstrengung.

Bei der Führung geht es im Wesentlichen darum, andere zu beeinflussen; Dinge zu tun, von denen wir glauben, dass sie wichtig sind; eine Vision und ein Umfeld zu erschaffen, in dem andere sich auszeichnen können. Führung setzt sich zusammen aus Charakter und Prinzipien, welche sich in erlernbaren Fähigkeiten manifestieren. In diesem Buch beschreiben wir eine positive, charakterorientierte Führung, die von jedem erlernt werden kann und langfristig positive Ergebnisse schafft.

Das Gegenteil dieses Ansatzes beruht auf Angst und Einschüchterung, was zwar dazu dienen kann, kurzfristige Ziele zu erreichen, aber letztlich zu langfristigen Schäden führt. Angst ist eine mächtige und gefährliche Emotion. Wenn Sie unter der Führung eines Vorgesetzten arbeiten, der Angst einsetzt, um seine Mitarbeiter damit zu zwingen, ihre Aufgaben zu erledigen, sollten Sie diese Führungskraft feuern! Angst funktioniert nur, solange man sie zulässt. Suchen Sie stattdessen nach Führungskräf-

ten, die ein sicheres Umfeld schaffen, Führungskräfte, die Sie mit nach oben mitreißen, Führungskräfte, die Sie besser machen.

Wenn Sie an einen positiven, charakterbasierten Ansatz glauben, dann ist Leadership in der Liebe verwurzelt. Mit Liebe ist dabei keine spontane Emotion gemeint, sondern Liebe als Verhaltensgrundlage. Liebe wurzelt darin, sich gegenseitig mit Würde und Respekt zu behandeln, ohne etwas zurückzubekommen. Die alten Griechen nannten das Agape. Es geht um unser Handeln als Engagement füreinander. Führungskräfte mit dieser Fähigkeit haben die Macht, die Welt zu verändern. Solche Führungskräfte finden sich auf allen Ebenen jeder Organisation.

Führung ist schwer und jede Führungskraft macht Fehler, aber das ist okay. Mit den nachhaltigen Prinzipien, die Sie in diesem Buch finden, können Sie diese Fehler überwinden und ein besseres, stärkeres Team und dauerhaftere Ergebnisse schaffen.

Die Episoden, die ich ausgewählt habe, basieren auf realen Ereignissen. Ich habe sie modifiziert, um die Privatsphäre der Beteiligten zu schützen und wichtige Erkenntnisse hervorzuheben. Ich hatte das Glück, mit erstaunlichen Menschen auf der ganzen Welt zusammenzuarbeiten. Viele von ihnen sind in den Geschichten vertreten, die Sie hier finden.

Ich wünsche Ihnen viel Vergnügen beim Lesen!

Jim Herman

1 Schritt für Schritt zur Führungspersönlichkeit

Wir sind alle Führer, egal, wo wir im Leben sind oder auch (noch) nicht sind, und unabhängig davon, auf welcher Ebene einer Organisation wir uns derzeit befinden. Folgende Fragen sollte sich jede Führungskraft stellen:

▸ Bin ich die Art Führungsperson, die ich sein will?
▸ Wenn nicht, wie komme ich dorthin?

Egal, wie gut eine Führungspersönlichkeit ist, es gibt immer Verbesserungs-möglichkeiten. Auch Führungskräfte müssen weiterwachsen und dazulernen. Anderes Wissen, von dem ursprünglich angenommen wurde, es sei korrekt, muss vielleicht sogar »verlernt« werden, weil es mittlerweile überholt ist. Jim bringt in diesem Kontext gerne eine klassische Anekdote aus dem Zenbuddhismus:

Der Zenmeister Nan-in begrüßte den Professor in seiner kleinen Hütte. Begeistert, da zu sein, wollte der Experte Nan-in zeigen, wie viel er wusste und wie viel er lernen wollte. Er sprach ohne Atem zu holen, während Nan-in für seinen Gast Tee eingoss und immer weiter eingoss, ohne abzusetzen. Da sprang der Professor auf und rief: »Meister! Halt! Halt! Die Tasse ist voll, es passt nicht noch mehr hinein!« Nan-in ant-wortete: »Wie diese Tasse voll ist, bist auch du zu sehr von deinen eigenen Meinungen und Spekulationen erfüllt. Wie kann ich dir Zen zeigen, wenn du nicht zuerst deinen Verstand entleerst?«[1]

....

1   Nach der klassischen Erzählung aus dem Zenbuddhismus »Eine Tasse Tee«, be-arbeitet von Paul Reps, auf Deutsch erschienen in: Reps, Paul: 101 Zen-Geschich-ten, Patmos 2003, S. 13.

**Egal, wie gut eine Führungspersönlichkeit ist, es gibt immer Verbesserungs-
möglichkeiten.**

Ein persönliches Erlebnis verhalf Jim zu einer ähnlichen Erkenntnis:

*Wir befanden uns mitten in einem einwöchigen Kurs über Führung, und ich hatte
inzwischen genug von Bob, der sich bei fast jeder Sitzung mit seinen albernen Geschichten und seiner Besserwisserei in den Vordergrund gedrängt hatte. Ich kannte ihn
gut: Er war ein schrecklicher Manager und eine noch schlechtere Führungskraft. Ich
fragte mich, was er mir über Führung beibringen könnte und warum der Kursleiter ihn
in jeder Sitzung gewähren ließ. Ich wollte lernen, aber Bobs Geschwätz ruinierte das
Seminar für mich und es ging mir außerordentlich auf die Nerven.*

*Dann tat er sich hervor, indem er in allen Einzelheiten erzählte, wie er ein Verfah-
ren, das ich vor Jahren implementiert hatte, »repariert« hätte. Das amüsierte mich,
denn er hatte anscheinend keine Ahnung, dass das Verfahren, das er verunglimpfte,
ich entworfen und umgesetzt hatte. Er dachte doch tatsächlich, er könnte etwas reparieren, was ich entworfen hatte. Hah!*

*Wie sich später herausstellte, hatte ich mich allerdings geirrt: Ich musste und konn-
te tatsächlich etwas von ihm lernen. Denn als ich ihm wirklich zuhörte, wurde mir klar,
dass er Recht hatte: Als er die Aufgabe übernahm, war mein Verfahren überholt. Die
Arbeitsbelastung hatte sich geändert, die Vorschriften hatten sich geändert und die
Mitarbeiter hatten sich verändert. Der Ablauf musste angepasst werden.*

*Während der nächsten Pause dankte ich Bob dafür, dass er mir erzählt hatte, wie
er mein Ablaufverfahren korrigiert hatte. Er wurde ganz blass, als er all die negativen
Dinge bemerkte, die er über die Angelegenheit gesagt hatte, aber er entspannte sich,
als er realisierte, dass ich es ehrlich meinte und dass ich sein Feedback wirklich schätz-
te. Noch wichtiger aber war, dass er tatsächlich auf mich hörte, als ich ihm ebenfalls
ein Feedback gab und ihn bat, andere im Unterricht auch zu Wort kommen zu lassen.*

*Ich denke oft an diese beiden Geschichten und versuche, jede Interaktion mit einer
leeren Tasse zu beginnen. Und ich werde ständig daran erinnert, dass ich an den uner-
wartetesten Stellen neue Dinge lerne.*

Der Chef, um den sich die Mitarbeiter reißen

»Marschieren kann man befehlen – Rekorde nicht, Arbeiten kann man befehlen – Erfolge nicht.« Nikolaus B. Enkelmann

Auch der beste Vorgesetzte ist abhängig von seinen Mitarbeitern: Wer ein Siegerteam haben möchte, sollte die Mitarbeiter nicht mit strikt zu befolgenden Anweisungen wie Untergebene behandeln, die nichts entscheiden dürfen. Wer Erfolge gestalten will, braucht dazu Gestalter und keine Verwalter. Je qualifizierter Sie sind, desto mehr werden Sie gebraucht. Der Mensch will begeistert werden. Erst ein begeisterter Mensch kann seine Fähigkeiten vollumfänglich entfalten. Verstaubte Geschäftsmodelle kennen keine Begeisterung. Begeisterung ist für einen verstaubten Führungsstil nichts anderes als Romantik. Wer jedoch nicht begeistern kann, bekommt die Mitarbeiter, die er verdient, und seine Bilanz für die Zukunft ist dunkelrot. Gute Bezahlung, Aufstiegsmöglichkeiten, interessante Arbeit sind doch selbstverständlich. Es braucht weitaus mehr für den Menschen, damit das Feuer der Begeisterung in ihm entfacht wird. Nicht das Materielle treibt ihn an, er will etwas Sinnvolles tun.

Warum tun wir das, was wir tun? Es ist die Hauptaufgabe eines hervorragenden Leaders, genau das seinen Mitarbeitern zu vermitteln.

Je qualifizierter ein Mensch ist, desto mehr stellt er sich die Frage: Welchen Sinn hat das, was ich tue?

Warum tun wir das, was wir tun? Es ist die Hauptaufgabe eines hervorragenden Leaders, genau das seinen Mitarbeitern zu vermitteln. Wer das nicht schafft, kann in Zukunft einpacken. Aus den Mitarbeitern der Zukunft können Genies werden, aber kein Genie will auf der Stelle treten, es will weiterkommen, kämpfen, aufbauen und nach den Sternen greifen. Und Sie können als Leader aus den Menschen das machen, was sie sein könnten, nämlich Genies.

Jetzt frage ich Sie: Wäre es nicht schön, wenn nur Genies für Sie arbeiten würden? Stellen Sie sich vor, wo Ihr Unternehmen stünde, wenn alle Ihre Mitarbeiter Genies wären. Was meint Jim dazu?

Ich las Stephen Coveys »Die 7 Wege zur Effektivität«[2] zum ersten Mal im Jahr 1994. Davon habe ich so viel gelernt, dass ich mich sofort zusammen mit meiner Frau für den einwöchigen Stephen-Covey-Kurs angemeldet habe. In den letzten zwanzig Jahren habe ich mein persönliches Leitbild, das ich in dieser Woche im Jahr 1994 entworfen habe, immer weiter überarbeitet und aktualisiert. Diese Anleitung hat meine Fähigkeit, mich auf wichtige Aufgaben zu konzentrieren und mein persönliches und berufliches Leben zu integrieren, nachhaltig geprägt. Jedoch benötigte mein entworfener Leitfaden noch einige Überarbeitungen, um für mich perfekt zu passen. Nach zehn Jahren, in denen ich diese Aussagen optimiert und aktualisiert habe, kam ich schließlich zu einem Ergebnis, das mich völlig zufriedenstellte, welches ich jedoch auch weiterhin jedes Jahr aufs Neue überprüfe. Dabei zeigten sich innerhalb der letzten zehn Jahre bemerkenswerte Ähnlichkeiten:

- *Sei leidenschaftlich: Lebe ein leidenschaftliches und visionäres Leben in Exzellenz und Harmonie.*
- *Sei mutig: Lebe mit Integrität, Kreativität und Spiritualität, frei von Angst.*
- *Sei mitreißend: Erschaffe eine disziplinierte Umgebung mit Freiräumen, in der sich andere auszeichnen können.*
- *Sei provokativ: Entzünde die Leidenschaft in anderen, ihre eigenen Träume und Werte zu leben.*

Wenn ich einen neuen Job antrete, teile ich dieses Leitbild während der Einzelgespräche und Gruppensitzungen mit meinen neuen Mitarbeitern. Ich bitte sie, mich zur Verantwortung zu ziehen, damit ich dieser Mission gerecht werde. Und ich beginne jede vierteljährliche Überprüfung ihrer Leistung, indem ich mein Leitbild überprüfe und nach ihrem Feedback frage, was ich gut mache und was ich verbessern kann.

Ein Vorgesetzter sollte sowohl eine starke Führungspersönlichkeit sein als auch über persönliche Charakterfestigkeit verfügen, wie wir im folgenden Kapitel näher ausführen.

---

2 Covey, Stephen R.: Die 7 Wege zur Effektivität: Prinzipien für persönlichen und beruflichen Erfolg. Campus 2018.

Führen – eine Frage des Charakters

Jim beschreibt den Grundgedanken dieser Aussage mit einem höchst prägnanten Erfahrungsbericht sehr lebendig:

Die Botschafterin war verärgert. Ich hatte nun seit ein paar Monaten an einem langwierigen, komplexen Fall gearbeitet, und sie wollte nicht länger auf das Ergebnis warten. Ich war mit aller Bestimmtheit vorgegangen, die Botschaft hatte sich schon jahrelang vor meinem Arbeitsantritt um eine Lösung des Falles bemüht und nun wurde die Botschafterin langsam ungeduldig. Ich sah jedoch keinen Grund, unnötige Risiken einzugehen, wenn ich einen klaren Weg zum Erfolg sah, auch wenn dieser Weg für die Botschafterin vielleicht nicht schnell genug war. Glücklicherweise war unsere Abteilung auf einem System begründet, wonach ich die Autorität innehatte, eine eigenständige Entscheidung zu treffen, und ich war diesbezüglich nicht der Botschafterin unterstellt. Dieses System war tatsächlich speziell entwickelt worden, um den Botschafter und damit die US-Regierung vor Ärger zu bewahren, und meine Entscheidungen sollten auf Tatsachen und nicht auf politischen Gegebenheiten beruhen.

In diesem speziellen Fall ging es um einen Salvadorianer – nennen wir ihn Carlos Silva –, der gegen eine Franchisevereinbarung mit einer großen US-Firma verstoßen hatte. Die US-Regierung verfolgt solche Fälle, um zu sehen, wie gut eine ausländische Regierung und ihr Gerichtssystem funktionieren, aber im Allgemeinen war unsere Abteilung nicht zu sehr in die Einzelheiten dieser Fälle verwickelt. Wir waren wegen des ungeheuerlichen Ausmaßes der Verstöße und der Straffreiheit, mit der der ziemlich mächtige Franchisenehmer gehandelt hatte, involviert worden. Leider gab es in diesem Fall wenig, was die US-Regierung tun konnte, außer den Fall mit der salvadorianischen Regierung zu erörtern. Die Botschafterin und ihr Team forderten von mir, festzustellen, ob die US-Regierung das Visum von Mr. Silva für die USA wegen Verletzung des Franchisevertrags widerrufen könnte. Natürlich nicht – im Allgemeinen hat die US-Regierung dazu nicht die Befugnis. Der Missbrauch dieser Autorität kann die Macht der USA in anderen Bereichen untergraben. Und so hatte sich mein Vorgänger schon zwei Jahre lang mit dem Fall abgeplagt, ohne eine Möglichkeit zu finden, Mr. Silvas Visum aufzuheben.

Nachdem ich für den Fall zuständig geworden war, kam ich nach eingängigen Überlegungen zu dem Schluss, es wäre besser, das Ganze noch einmal von Beginn an

aufzurollen. Um sicherzustellen, dass die Überprüfung ohne Druck und ohne Vor-
verurteilung in Hinblick auf das Ergebnis durchgeführt wurde, bat ich einen kürzlich
eingetroffenen Beamten, der gar nichts über den Fall wusste, die gesamte Akte durch-
zugehen, mit unseren Experten in Washington zu sprechen und eine Empfehlung ab-
zugeben. Es war eine voluminöse Datei und es dauerte zwei Monate, bis der Bericht
fertig war. Die Botschafterin drängte mich während dieser Zeit ungeduldig, eine Ent-
scheidung zu treffen. Ich erinnerte sie daran, dass sie sich aus dem Fall heraushalten
müsse, um sie vor negativen Konsequenzen zu schützen. Ich gab noch einmal zu beden-
ken, dass sie mich um Überprüfung gebeten hatte und ich den Fall derzeit gründlich
untersuchte.

Schließlich war die Überprüfung abgeschlossen, und der Beamte befand, dass von
Seiten der Botschaft hinsichtlich der Meinungsverschiedenheit bezüglich des Franchise-
vertrags nichts getan werden konnte. Weiter argumentierte er jedoch, dass die Tätig-
keit Silvas in den USA einen Grund liefern könnte, sein Visum zu widerrufen, aber dies
sei ein schwieriges Unterfangen.

Ich nahm seine Empfehlungen an, befasste mich auf deren Grundlage noch einmal
mit der Fallakte und sprach mit unseren Anwälten. Am Ende entschied ich mich auf-
grund dieser Überprüfung dazu, der Einschätzung des Beamten zu widersprechen, da
diese auf Zivilrecht und nicht auf Strafrecht beruhte. Die Aufzeichnungen des Beamten
waren jedoch so gründlich, dass sie sowohl in den USA als auch in El Salvador ein
Muster mutmaßlicher Kriminalität aufzeigten. Mr. Silva war nicht für schuldig erklärt
worden, aber die Vorfälle reichten aus, ihn zu einem Interview einzuladen.

Von diesem Moment an isolierte ich meine Entscheidungen und meine Handlungen
bezüglich Mr. Silva vom Rest der Botschaft. Silva war ein mächtiger Mann mit mächti-
gen Freunden und Anwälten. Er würde sein Visum nicht einfach aufgeben. Schließlich
widerrief ich persönlich sein Visum und diese Aktion erzeugte den erwarteten Feuer-
sturm: Es gab eine Inspektion und eine Untersuchung, ich wurde von hochrangigen
Beamten im Kongress und anderen Orten ins Visier genommen und in der lokalen
Presse an den Pranger gestellt. Aber am Ende wurde bei jeder der Überprüfungen
festgestellt, dass meine Entscheidung vernünftig war und in Übereinstimmung mit dem
US-amerikanischen Recht und den Vorschriften erfolgte.

Diese Erfahrung zeigt treffend, wie wichtig es ist, als Führungsperson einen starken Charakter zu haben und Selbstvertrauen an den Tag zu legen, das im Folgenden durch das Vertrauen der Mitarbeiter reflektiert wird. Führungspersonen, die von ihren Mitarbeitern als »Persönlichkeit« gesehen werden, sind als Vorgesetzte anerkannt. Einem solchen Vorgesetzten wird ein starker Charakter zugeschrieben. Die Macht, die er innehat, wird nicht angezweifelt und die Mitarbeiter akzeptieren, dass er diese Macht mit Fug und Recht ausübt. Daneben genießt eine solche Führungskraft das Vertrauen der Mitarbeiter, diese Macht zu ihrem Vorteil auszuüben.

Führungspersonen, die von ihren Mitarbeitern als »Persönlichkeit« gesehen werden, sind als Vorgesetzte anerkannt.

Ein solcher Vorgesetzter verfügt über folgende Kerneigenschaften einer Führungspersönlichkeit:

▸ Er schafft Vertrauen: Der Mitarbeiter kann sich auf die Führung verlassen.

▸ Er fördert die Fähigkeiten seiner Mitarbeiter ohne Druck, aber mit der Macht seiner starken persönlichen Ausstrahlung und Sicherheit.

▸ Er kann mit Fehlern von Mitarbeitern umgehen, indem er ihnen hilft, künftig Fehler zu vermeiden.

▸ Er verstärkt die Stärken der Mitarbeiter durch Anerkennung.

▸ Er präsentiert sich nicht selbst als der beste Vorgesetzte, sondern bezeichnet die Untergebenen als die besten Mitarbeiter.

▸ Rechte bedeuten für ihn Verantwortung und die erhöhte Bereitschaft, auch Pflichten zu übernehmen.

▸ Er schätzt Ehrlichkeit und Offenheit und kann Kritik ebenso vertragen wie er Anregungen schätzt, denn er will Erfolge und hat keine Angst vor Autoritätsverlust, weil er sich seiner natürlichen Autorität sicher ist.

▸ Fehler bei Misserfolgen sucht er zuerst bei sich selbst und schiebt die Schuld nicht den Mitarbeitern zu.

▸ Vor unpopulären, aber notwendigen Maßnahmen hat er keine Angst. Notwendigkeit ist für ihn kein Zwang, sondern eine Herausforderung, die er annimmt.

- Er lehnt Intrigen und Mobbing entschieden ab und unterstützt das Miteinander im Team.
- Er ist gerecht und hat Achtung vor der Würde des Menschen.
- Er kann sich für einen Fehler entschuldigen.
- Er verspricht nie etwas, was er nicht hält oder halten kann.
- Er hat Achtung vor der Leistung der Mitarbeiter und schmückt sich nicht mit fremden Federn, denn er hat kein übersteigertes Geltungsbewusstsein.
- Er schützt seine Mitarbeiter bei Angriffen von außen.
- Er kann seinen Mitarbeitern Sinn und Nutzen ihrer Tätigkeit vermitteln.
- Er ist ein Inspirator, glaubt an seine Visionen und Ziele und kann andere dafür begeistern.
- Er denkt bei allen Entscheidungen immer zuerst an die Menschen, die davon betroffen sind.

Mit Ruhe und Gelassenheit Sicherheit ausstrahlen

Termindruck, Lieferverzögerung, personeller Engpass und hektische Betriebsamkeit: Wenn es schnell gehen muss, stehen alle unter Druck, Stress breitet sich aus, die Nerven liegen blank. Vorgesetzte, die jetzt nicht Ruhe bewahren und den Überblick behalten, gießen in solchen Situationen Öl ins Feuer. Wenn der Vorgesetzte nicht die Nerven behält, während alle anderen sie verlieren, ist er als Leader ungeeignet. Ruhe ist Kraft, innere Sicherheit und Gelassenheit ist Überlegenheit. Die natürliche Autorität, die viele Führungskräfte ausstrahlen, liegt an ihrer Fähigkeit, selbst in den kritischsten Situationen die Kontrolle und die Selbstbeherrschung nicht zu verlieren, sondern kraftvoll und überlegen Probleme zu lösen und Krisen zu meistern. Labile, nervöse Menschen können nie Ruhe und innere Sicherheit ausstrahlen. Sie wirken undiszipliniert und inkonsequent und verbreiten ständige Unruhe, selbst wenn es keine Probleme gibt. Der Vorgesetzte, der schnell »durchdreht«, der schnell die Beherrschung verliert, verliert auch schnell jeden Respekt. Die Mitarbeiter spüren, dass sie sich auf diesen Steuermann nicht verlassen können, wenn es stürmisch wird.

Ruhe ist Kraft, innere Sicherheit und Gelassenheit ist Überlegenheit.

Deshalb ist es für Führungspersönlichkeiten so wichtig, ihre Vitalkraft zu stärken, um immer und jederzeit mit Ruhe und Gelassenheit Sicherheit auszustrahlen. Denn wer sich seiner selbst und seiner Sache sicher ist, ist hart im Nehmen, auch bei schweren Schlägen. Eine Führungspersönlichkeit ist standhaft und lässt sich von nichts und niemandem kopfscheu machen, sondern vertritt ihre Überzeugung mit der natürlichen Autorität, die nur der selbstsichere, ausgeglichene Mensch ausstrahlt, und mit der Begeisterung, die ihr Glanz verleiht.

Eine geeignete Methode zur Stärkung der inneren Ausgeglichenheit und Sicherheit ist das von meinem Schwiegervater Nikolaus B. Enkelmann entwickelte »Mentale Training«, das seit über dreißig Jahren Menschen – vom Spitzensportler bis zum Topmanager – hilft, ihre Vitalkraft zu stärken, auch schwierige Herausforderungen zu meistern, ihre Ziele zu erreichen und Sieger zu werden, ohne sich von ihren Nerven besiegen zu lassen. Jim bedient sich in der Praxis der Arbeitswelt einer ähnlichen Methode.

Alexander betont immer wieder, wie wichtig innere Ausgeglichenheit und Sicherheit ist. Ich vermittle diese meinen Mitarbeitern durch die Art, wie ich Aufgaben übertrage. Dazu gehört ein Buch, das ich meinen Mitarbeitern häufig als Geschenk überreiche: »Der Minuten Manager und der Klammer-Affe«[3]*. Es liefert eine einfache, klare Methode des Delegierens. Die darin enthaltenen Regeln, die sicherstellen, dass Aufgaben klar beschrieben und zugewiesen werden, sind von unschätzbarem Wert. Und es ist eine Anleitung, herauszufinden, ob Sie vor der Umsetzung einer endgültigen Entscheidung beteiligt werden müssen und wie Sie das Ergebnis überprüfen können. Mit dieser Methode kann ein Umfeld geschaffen werden, das für Mitarbeiter sicher ist: Sie werden befähigt, Aufgaben zu hinterfragen, wissen aber gleichzeitig, was von ihnen erwartet wird. Dies gibt ihnen die Sicherheit, das Notwendige zu tun.*

Der mächtigste Teil der Methode liegt jedoch in seiner kraftvollen Bildsprache: Eine Aufgabe ist wie ein Affe auf unserem Rücken. Wenn ich diese Aufgabe jemandem übergebe, wechselt der Affe auf dessen Rücken. Der Mitarbeiter übernimmt die Verantwortung für dessen Pflege und sorgt dafür, dass die Aufgabe – der Affe – auf seinem Rücken bleibt, bis sie abgeschlossen ist. Der Transfer schafft eine sichere Um-

3   Blanchard, Kenneth: Der Minuten Manager und der Klammer-Affe, Rowohlt Taschenbuch 2002.

gebung, denn wenn alles richtig gemacht wird, kommt es zu einem verbindlichen Vertrag zwischen mir und meinen Mitarbeitern: Sie verpflichten sich zu der Aufgabe und ich verpflichte mich, die notwendigen Ressourcen zur Verfügung zu stellen, solange sich nicht etwas ändert oder sie um Hilfe bitten oder sie die Vereinbarung nicht einhalten.

Eines Tages erhielten wir die Nachricht, dass ein Expertenteam unsere Vertretung in Indien in sechs Monaten inspizieren würde. Bei unserem nächsten Mitarbeitertreffen besprachen wir den Besuch und legten vier Erfolgskriterien fest. Wir waren uns dessen bewusst, wie wichtig dieser Anlass war: Wenn wir erfolgreich wären, würde dies unser neues Managementmodell bestätigen, uns erlauben, es in andere Vertretungen zu exportieren, und uns helfen, Schwächen zu identifizieren, die wir überwinden könnten. Ich beauftragte Tom, einen meiner talentierten Mid-Level-Manager, das Projekt zu leiten, und teilte ihm die Entwurfskennzahlen mit. Wir stimmten die wichtigsten Meilensteine und die Ressourcen ab, die er benötigte, und wie ich ihn unterstützen und den Projektstatus überprüfen würde. Angesichts der Bedeutung dieses Projekts gab es viel Druck auf die Projektleitung, vor allem, weil er die Bemühungen für unsere Operationen im ganzen Land koordinierte und er mehrere leitende Beamte hatte, die ihm berichteten.

Bei der Überprüfung des Abschlussberichtes kamen wir zu dem Ergebnis, dass wir die Erwartungen in jeder der vier Messgrößen übertroffen hatten, dass die Inspektion ein großer Erfolg gewesen war und Tom das Projekt ausgezeichnet geleitet hatte. Trotz der Risiken, der Komplexität und der konkurrierenden Interessen hatte unser Plan Tom die Autorität und die Sicherheit vermittelt, die ihm zum Erfolg verhalfen. Er erhielt Anerkennung von Kollegen aus der ganzen Welt und eine unserer höchsten Auszeichnungen für seine Bemühungen.

Diese Schilderung, bei der Jim eine Aufgabe als Affen auf dem Rücken beschreibt, verdeutlicht, wie herausfordernd es manchmal sein kann, eine Aufgabe gemäß den Anforderungen auszuführen. Eine weitere wichtige Eigenschaft hierbei ist sicherlich die Art und Weise, wie Ziele angesteuert werden. Sehen wir uns das gleich im nächsten Kapitel an.

Zielen, planen, handeln – mit Konzentration zur Meisterschaft

Die meisten Menschen wissen, was sie nicht wollen, aber viele wissen nicht genau, was sie wollen. Auch viele Führungskräfte haben Ziele, aus denen sich Zielvorgaben ergeben. Für den Erfolg ist es jedoch wichtig, eine *Zielklarheit* zu haben. Nur durch ein klares Ziel ist planmäßiges Handeln – zugeschnitten auf die Stärken der Teammitglieder – möglich. Ein klares Ziel und richtiges Planen ersparen Wankelmütigkeit.

Wie Zielvorgaben geplant und erreicht werden können, klingt in der Theorie meistens gut, scheitert in der Umsetzung aber häufig an menschlichen Faktoren. Es war Jims Job in Indien, die dortigen konsularischen Vertretungen zu bündeln und die Abläufe zu modernisieren:

Als ich in Indien ankam, um das operative konsularische Geschäft neu zu strukturieren, hatten wir dort die drittgrößte konsularische Vertretung in der Welt mit fünf Standorten. Die Organisationsstruktur war eine typische bürokratische Hierarchie mit der Botschaft an der Spitze dieser Hierarchie und den vier anderen konsularischen Vertretungen im ganzen Land, die der Botschaft unterstanden und von ihr kontrolliert wurden. Ich wollte eine flachere Organisation schaffen, die die Mitarbeiter in der gesamten Organisation dazu befähigte, den Betrieb und den Kundenservice zu verbessern und gleichzeitig unsere Unternehmensziele zu erreichen. Wir haben einen neuen Ansatz verfolgt, nach dem jede Stelle ermutigt wurde, die Verantwortung für ein landesweites Programm zu übernehmen und so sicherzustellen, dass jedes Konsulat einen wesentlichen Beitrag zum Ganzen leistet. Zum Beispiel habe ich, anstatt fünf verschiedene Trainingsprogramme zu haben, die von der Botschaft überprüft wurden, eine der anderen Vertretungen beauftragt, die Durchführung der Trainingsprogramme für das gesamte Land zu übernehmen. Der Leiter dieser Vertretung war fortan für das komplette Schulungsprogramm verantwortlich und wir stellten sicher, dass er genug Geld hatte, um zu reisen, Schulungen durchzuführen und das Gesamtprogramm zu leiten. Die Quintessenz ist, dass ich die zentralisierte Macht des gesamten Programms übernahm und es an einen Posten delegierte, an dem die Fähigkeiten, der Wunsch und die Zeit vorhanden waren, es auszuführen. Letztendlich verbesserte es das Programm und führte zu einem stärkeren Engagement des gesamten konsularischen Teams in Indien.

Diese Schilderung zeigt, wie selbst im Rahmen von großen Organisationen und weitreichenden Projekten mittels einer grundlegenden Planung und einer konzentrierten Umsetzung des Plans auch schwierige Ziele erreicht werden können. Um alle Arten von Zielen zu erreichen, ist es wichtig, zuerst zu planen und darauf basierend konzentriert zu handeln.

Wie Sie Ziele planen und erreichen:

▸ Planung ist Motivation. Wer plant, bringt Menschen »in Bewegung«, indem er ihre Antriebskräfte weckt.

▸ Wer gemeinsam mit seinen Mitarbeitern plant, macht seinen Plan und sein Ziel zum Plan und Ziel aller und jedes Einzelnen, die sich »ihrem« Plan und »ihrem« Ziel viel stärker verpflichtet fühlen.

▸ Zielbewusstsein heißt, das gesteckte Ziel nie aus den Augen zu verlieren und immer in diese Richtung zu denken und zu handeln. Die Teiletappen, die zu diesem Ziel hinführen, sind Mittel zum Zweck, aber sie sollten nie die Aufmerksamkeit auf sich ziehen und vom wirklichen Ziel ablenken. Alles Tun ist sinnlos, solange es nicht zum Erreichen des Ziels beiträgt.

▸ Zielbewusstsein heißt, zu Gunsten der künftigen größeren Erfolge auf kurzfristige kleinere Erfolge zu verzichten, wenn sie vom großen Ziel ablenken.

▸ Die eigene Person und persönliche Interessen sind immer der Sache, um die es geht, untergeordnet. Gute Führungskräfte haben sich ihrer Sache verschrieben und können ihre Mitarbeiter so beeinflussen, dass sie der gemeinsamen Sache verbunden sind und ihr dienen.

▸ Planungen sind nichts wert ohne die Tat. Nur durch konsequentes Handeln können Ziele erreicht und Ergebnisse erzielt werden. Ohne Entschlossenheit, Initiative und Durchsetzungsvermögen gibt es keinen Erfolg.

▸ Jeder Weg zum Ziel ist mit Risiken verbunden. Wer nicht bereit ist, ein Risiko einzugehen, kann nicht führen.

▸ Lernen Sie, »Nein!« zu sagen. Ein Chef, der keine Grenzen zieht, lässt Ablenkung vom Ziel zu und öffnet Quertreibern und Boykotteuren die Tür.

▸ Gehen Sie mit gutem Beispiel voran.

▸ Nutzen Sie die Macht der Gewohnheit: Seien Sie Ihren Mitarbeitern gegenüber immer eindeutig und konsequent.

▶ Beschäftigen Sie sich nicht so sehr mit den Schwächen Ihrer Mitarbeiter, heben Sie stattdessen die Stärken jedes Einzelnen hervor. Denn Beachtung bringt Verstärkung, Nichtbeachtung bringt Befreiung. Zustimmung aktiviert Kräfte. Wenn Sie die Stärken Ihrer Mitarbeiter beachten, aktivieren Sie deren Leistungspotenzial.

Wie Sie Ihre Fähigkeit zur Zusammenarbeit entwickeln

Wie hat Jim seine Fähigkeit zur Zusammenarbeit entwickelt? Natürlich auf seine typisch offene und charmante Art!

In meinen sechs Jahren bei der Air Force habe ich Informationen über China analysiert und Berichte geschrieben. Als ich die Air Force verließ und zum College zurückkehrte, war ich ein guter Schreiber und erwartete eigentlich keine Probleme dabei, im Rahmen des Studiums Essays und andere Dokumente zu verfassen. Diese Annahme erwies sich auch als zutreffend – bis auf eine Ausnahme in einem Kurs.

Dieser Kurs, »Frauen und Macht«, wurde von einer dynamischen Professorin aus dem Iran unterrichtet und konzentrierte sich auf Macht, Diskriminierung und die Rolle von Frauen. Es war eine bewusstseinserweiternde Erfahrung. Ich habe in jeder Unterrichtsstunde und mit jedem Lesestoff etwas Neues gelernt. Leider hat die Professorin meinen Schreibstil nicht nur nicht gemocht, sie hasste ihn förmlich!

Die Professorin hatte uns erlaubt, die Arbeit entweder allein zu verfassen oder Gruppenarbeiten einzureichen. Ich hatte den Gruppenansatz ursprünglich abgelehnt, weil ich diesen als viel zeitaufwendiger empfand, als allein zu arbeiten. Das erste Mal, als ich eine Analyse zu einem eher einfachen Thema verfasste, bekam ich meine Arbeit mit roten Anmerkungen und Kritik zu meiner Denkrichtung wie zum Schreibstil zurück. Ich konnte nicht wirklich nachvollziehen, worauf genau ihre Kritik beruhte. Aber nachdem ich mich mit der Professorin unterhalten und ihre Kommentare überprüft hatte, entschied ich, dass ich nun mit einer Gruppe arbeiten würde.

Ich schloss mich also drei anderen Personen an, zwei Frauen und einem Mann. Sie waren fantastisch: leidenschaftlich, intelligent und belesen. Vor allem aber dachten sie über Dinge anders nach als ich. Ich kam aus einem eher konservativen Hintergrund und hatte wirklich keine Geduld für Geschlechterstudien oder alberne Sichtweisen im Zusammenhang mit Diskriminierung.

Wie sich jedoch herausstellen sollte, lag ich in vielen Dingen falsch. Mit dieser Gruppe zusammenzusitzen, über unsere Lektüre zu diskutieren und an unseren Hausarbeiten zu arbeiten, eröffnete mir eine andere Sichtweise auf Macht und unsere Beziehung zu Frauen und zu anderen Kulturen. Das bedeutet nicht, dass ich allem zustimmte, was sie sagten oder schrieben, aber ich verstand, warum sie es schrieben. Es bedeutete auch nicht, dass ich ihrem Schreibstil zustimmte, der war zu wischiwaschi für mich, aber ich verstand, was sie geschrieben hatten und warum.

Ich verbrachte einige Stunden in der Woche mit talentierten Leuten, die radikal andere Ideen hatten. Durch sie wurde ich ein besserer Schüler, ein besserer Manager und eine bessere Führungskraft, denn ich lernte zuzuhören und andere Ideen zu respektieren und eignete mir dadurch die Fähigkeit an, die Meinung dieser Menschen zu integrieren. Ich bin mir sicher, dass unsere Ergebnisse besser waren, weil wir zusammengearbeitet haben.

Diese Erfahrung zeigt, wie wichtig es ist, offen zu sein für die Meinungen anderer und Toleranz an den Tag zu legen: Nicht die Fleißigen, die besonders Begabten sind die besten Führungskräfte, sondern die besonders Verbindlichen und menschlich Gewinnenden. Es gibt nicht viele Menschen, die andere wirklich faszinieren und begeistern können. Wer diese Kunst jedoch beherrscht, kann sie zu seinen Verbündeten machen. Denn wer faszinieren kann, benötigt keinen Zwang. Er ist ein Inspirator, ein Motivator.

Ein Inspirator ist eine Führungspersönlichkeit, die andere höher hebt als sich selbst und sie so behandelt, wie sie sein könnten. Inspirationsfähigkeit ist eine der wichtigsten Eigenschaften erfolgreicher Führungskräfte, denn Inspiration ist Motivation. Der Inspirator ist ein Lenker und Leiter, ein Lotse, Planer und Berater, ein Vorbild für seine Mitarbeiter. Selbstverständlich ist Inspiration nicht möglich ohne eine ausgeprägte Kontakt- und Kommunikationsfähigkeit. Ein stark introvertierter Mensch kann schon deshalb keine inspirierende Persönlichkeit sein, weil ihm die nötige Kontaktfähigkeit fehlt.

Ein Inspirator ist eine Führungspersönlichkeit, die andere höher hebt als sich selbst und sie so behandelt, wie sie sein könnten.

Ein Mindestmaß an Einfühlungsvermögen ist ebenso unerlässlich für eine auf Verständnis basierende Führung. Langjährige Erfahrungen und fachliches Können von Mitarbeitern werden oft missachtet. Andererseits werden neue oder unerfahrene Mitarbeiter durch komplexe Aufgabenstellungen häufig überfordert. Die Folge ist Frustration und Resignation. Je ausgeprägter das Einfühlungsvermögen einer Führungskraft, desto stärker ist sie in der Lage, die Mitarbeiter weder zu unterschätzen noch zu überfordern. Wer sich in den Einzelnen hineinversetzen kann, spürt, was er ihm zutrauen kann und was nicht. So kann jeder Mitarbeiter durch die sensible Lenkung des Vorgesetzten seine Fähigkeiten optimal entfalten.

Menschenführung setzt Menschenkenntnis voraus

Wer Menschen führen will, muss wissen, welche Menschen er führt. Jeder Mensch ist anders und auf individuelle Weise einzigartig. Ein Witz, über den sich eine Person vielleicht vor Lachen am Boden krümmt, mag einer anderen Person nicht einmal ein Lächeln entlocken oder wird sie sogar beleidigen. Wer Mitarbeiter begeistern will, muss wissen, wie, mit welchen Aufgaben und Herausforderungen er sie begeistern kann.

Menschenkenntnis kann man lernen. Auf der Grundlage einer guten, instinktiven Begabung bildet sich Menschenkenntnis aus durch

- ständige kritische Beobachtung, zunächst ohne Wertung,
- Einfühlung in andere und Mitempfinden,
- ordnenden Verstand (Erfahrung),
- die ausgeprägte Fähigkeit zur Selbstkritik.

Der entscheidende Ansatzpunkt für die positive Menschenführung liegt im Gefühls- und Erlebens-, nicht im Verstandesbereich. Im inneren Wettstreit zwischen Kopf und Herz gewinnt immer das Herz. In unserem technisch orientierten Leben werden Gefühle oft beiseitegeschoben. Erfolg basiert aber immer auf dem Einsatz aller menschlichen Fähigkeiten, also auf Verstand, Intuition und Emotion. Unser Verhalten wird nicht nur vom Verstand bestimmt.

Im inneren Wettstreit zwischen Kopf und Herz gewinnt immer das Herz.

Kritik zum Beispiel ist eine negative Beeinflussung. Der positive Umgang mit Menschen beginnt in dem Augenblick, in dem Sie das Positive beachten. Beachtung ist unbewusste Konzentration. Ignorieren Sie deshalb die persönlichen Mängel der Mitarbeiter, solange sie der Sache nicht schaden.

Diese Ausführungen von Alexander kann ich nur unterstreichen! Und oft wünschte ich, ich würde die menschliche Natur besser verstehen, wenngleich ich auch immer wieder überrascht bin, wie viel besser uns das jetzt gelingt als während meiner Jugend. Das Buch »Triggers« von Marshall Goldsmith[4] ist voller nützlicher Ratschläge, aber eines der beeindruckendsten Dinge, die ich daraus gelernt habe, ist, dass es 18 Monate dauert, um ein Verhalten zu ändern! Ich war bis dahin der festen Meinung, dass Gewohnheiten leicht geändert werden können, und dachte, ein Monat konzentrierter Anstrengung würde reichen und Fähigkeiten wären leicht zu erlernen. Ich dachte, man müsse dafür nur einen Kurs belegen, ein Buch lesen oder bei der Arbeit lernen und dann üben.

Goldsmiths Unterscheidung zwischen einer Angewohnheit und einem Verhalten habe ich immer im Sinn, und das hilft mir dabei, viel von meiner Erfahrung im Umgang mit Menschen zu erklären. Das Buch hat verändert, wie ich Menschen coache, betreue und führe. Es hat verändert, wie ich Leute anstelle, beauftrage und beaufsichtige. Menschen können ihr Verhalten ändern, aber es erfordert Hingabe, Geduld und eine konzentrierte achtzehnmonatige Anstrengung. Wenn Sie auch nur eines der Erfordernisse nicht aufbringen können, ist es die Mühe nicht wert, jemandem zu helfen, sein Verhalten zu verbessern.

Ich stellte jemanden ein, der ständig zu spät zu Meetings kam. Meine Mitarbeiter wissen, wie sehr ich das hasse: Es ist respektlos und schafft eine negative Atmosphäre. Nach seiner ersten Verspätung sprachen wir darüber und er erkannte, dass er ein Problem hatte: Er überlastete sich selbst und achtete nicht auf die Anfangszeit der Meetings. Wir vereinbarten einen Standard, den er erreichen musste, und wie ich ihm dabei helfen konnte. Und wir verpflichteten seine Mitarbeiter, uns beiden zu helfen. Es funktionierte und sein Verhalten änderte sich: Seine Veränderung der zuvor störenden Angewohnheit wurde zum Vorbild für den Rest des Teams.

....

4   Goldsmith, Marshall: Triggers, Crown Business 2015 (keine deutsche Übersetzung verfügbar).

Ein gegenteiliges Beispiel ist das einer Managerin, die ich übernahm. Sie leistete großartige Arbeit, aber ihr Verhalten widersprach meinen Werten und Idealen: Sie war eine Mikromanagerin, die nicht loslassen konnte. Einige ihrer Mitarbeiter liebten dieses Verhalten, aber die Mehrheit ihrer Untergebenen hasste es. Ich diagnostizierte das Problem als schlechte Angewohnheit und Qualifikationsdefizit. Ich dachte, sie könnte durch entsprechendes Training lernen, besser zu delegieren, was sie zwingen würde, ihre Angewohnheit zu ändern. Ich habe mich jedoch in diesem Punkt geirrt: Sie hatte ein tiefsitzendes, ungelöstes Problem, das sie zu diesem Verhalten trieb. Ich hatte eine relativ schnelle Lösung für das Problem erwartet, aber ich verbrachte fast zwei Jahre damit, mit ihr zu arbeiten, um ihr bei der Delegierung behilflich zu sein. Dies führte zu einer zweijährigen Verzögerung bei der Umsetzung eines Schlüsselprojekts. Das war eine schmerzhafte Lektion für mich. Hätte ich den Unterschied zwischen der Verbesserung eines Verhaltens und dem Ändern einer Gewohnheit damals schon besser verstanden, hätte ich die Situation anders gehandhabt.

Wie Jims Erfahrungsberichte zeigen, ist es sehr wichtig, über eine grundlegende Menschenkenntnis zu verfügen, um Mitarbeiter richtig einzuschätzen und führen zu können. Eine weitere wichtige Umgangsform ist die Motivation von Menschen, etwa durch Lob.

Lob ist eine positive Suggestion. Zu viel Lob gibt es nicht. Während Lob mit Dank gleichgesetzt werden kann, ist Kritik gleichzusetzen mit Undank. Undank tötet die Kreativität und das Engagement. Lob ist Beachtung und ein Bestandteil von Anerkennung, des höchsten Grundbedürfnisses eines jeden Menschen. Positive Menschenbehandlung ist Motivation durch positive Beeinflussung, durch Dankbarkeit, die sich in Lob äußert.

Lob ist eine positive Suggestion. Zu viel Lob gibt es nicht.

Jeder Mensch benötigt Anerkennung, Zustimmung und neuen Auftrieb und jeder Mensch wächst durch Lob über sich hinaus. Fundiertes, aufrichtiges Lob schenkt einem Individuum neuen Glauben an sich selbst und ist deshalb das wirksamste Mittel einer erfolgreichen Kommunikation auf allen Ebenen.

Selbstständiges Denken: Schlüsselqualifikation der Führungskraft

Wissen ist etwas völlig anderes als Denken. Wissen lässt sich relativ leicht erlernen, aber nur mit dem richtigen Denken lässt sich das angelernte Wissen im Leben und im Beruf richtig einsetzen. Mitarbeiter mit dieser Fähigkeit sind besonders zu fördern, denn sie sind die Führungskräfte von morgen, auch wenn sie heute vielleicht etwas unbequem sind. Das selbstständige Denken ist die Schlüsseleigenschaft der Führungspersönlichkeit.

Für Führungskräfte kann spezialisiertes Fachwissen sogar hinderlich sein, denn ihre Aufgabe ist Führen, nicht Ausführen! Je höher die Position, desto wichtiger ist es, Entscheidungen zu treffen. Während bei einem Arbeiter das Verhältnis zwischen Fachkenntnis und Fähigkeit zur Menschenbehandlung im Schnitt 90:10 beträgt, stehen bei einer Führungskraft lediglich 20 Prozent Fachkenntnis gegen 80 Prozent Führungskompetenz. Fachwissen kann man überall erwerben, Führungseigenschaften nicht.

Der Fachmann liefert die Wege, der Leader entscheidet über die Richtung.

Aufgeschlossenheit, ein beweglicher, hellwacher Geist, Interesse, Weltoffenheit, Wirklichkeitssinn und ein Blick für das Wesentliche sind herausragende Merkmale und gefragte Eigenschaften wirklicher Leader. Der Fachmann liefert die Wege, der Leader entscheidet über die Richtung.

Auch wenn der Volksmund sagt, »Wissen ist Macht«, so gehört die Macht in Wahrheit nicht den Wissenden, sondern den Denkenden, die wissen, wie sie ihr Wissen richtig und befreit von Ängsten einsetzen.

»Die Macht gehört den Denkenden«, sagt Alexander. Und tatsächlich hat es mir schon immer Spaß gemacht, nicht nur Wissen anzusammeln, sondern auch zu denken, also zu lernen.

Als ich in der neunten Klasse war, wählte ich Chemie als Grundkurs. Ich war vom ersten Tag an begeistert: Der Lehrer war fantastisch und das Material interessant. Der Lehrer hatte eine Skala als Benotungssystem und ich stand ziemlich gut. Zu Beginn des Semesters führte der Lehrer den Begriff der Ionen ein. Es war ein schwieriges Thema für viele in der Klasse – nicht nur, was ein Ion war, sondern auch, wie es in schriftlicher Form symbolisiert wurde.

Ich hatte versucht, im Rahmen einer Aufgabenstellung ein Ion auf viele verschiedene Arten zu erklären, aber der Lehrer war immer noch nicht zufrieden. Einer der Schüler war skeptisch, dass es keine Ausnahmen zu der These gab, dass Ionen immer mit + oder – symbolisiert würden. Aus Frustration sagte der Lehrer: »Wirklich? Schau: Ionen werden immer durch ein + oder – symbolisiert. Wenn jemand in eurem Buch eine Stelle finden kann, an dem ein Ion dieses Symbol nicht hat, gebe ich dieser Person eine Eins für den Kurs.«

Nun, das hat die Klasse sichtlich motiviert, und alle begannen, das Buch nach Symbolen von Ionen mit einem + oder – zu durchsuchen. Da ich die Hausaufgaben gemacht hatte, wusste ich, wo ich Symbole für Ionen ohne + oder – finden konnte: und zwar in der Aufgabe, bei der die Schüler die richtigen + oder – bei den chemischen Symbolen ergänzen mussten. Nachdem ich die anderen ein paar Minuten lang beobachtet hatte, wies ich ein paar Freunde auf diese Aufgabe im Buch hin. Sie waren begeistert und sagten dem Lehrer sofort, dass ich es gefunden hätte. Wie peinlich mir das war! Der Lehrer kam herbei, um sich das anzusehen, und grinste: Er argumentierte, dass die Beispiele seinen Standpunkt bestätigten: Ionen müssen mit einem + oder – symbolisiert werden. Aber die Studenten, die nichts von Ionen verstanden, akzeptierten seine Argumentation nicht. Sie waren gespannt, ob der Lehrer sein Versprechen halten würde.

Schließlich sah der Lehrer mich und dann den Rest der Klasse an und sagte: »Gut. Jim bekommt ein A für die ganze Klasse. Lasst uns mit dem Unterricht fortfahren.«

Ich war wirklich sauer. Ich war nicht im Kurs, um eine Scherzfrage zu überprüfen und um meine Freunde und den Lehrer glücklich zu machen. Ich nahm am Unterricht teil, weil ich das Thema lernen wollte. Also habe ich noch mehr gelernt. Am Ende des Kurses hatte ich die höchste Punktzahl in der Klasse und alles gelernt, was ich wissen musste.

Jeder Erfolg beginnt mit einer Idee

Am Anfang jeder Tat steht eine Idee. Nur was zunächst gedacht wurde, existiert. Ist eine Idee erst einmal entstanden, bleibt sie im Unterbewusstsein. Führungskräfte sollten deshalb in Gedanken Situationen durchspielen und ihr Unterbewusstsein mit Problemlösungen beauftragen.

Jim machte die folgende Erfahrung, die ihn lehrte, wie man manchmal zu ungeahnten Ideen gelangt:

Ich war Teil eines US-Teams, das in den Norden von Guatemala gereist war, um sich mit guatemaltekischen Maya-Flüchtlingen zu treffen, die aus Flüchtlingslagern in Mexiko nach Guatemala zurückkehrten. Ich war in der Rangordnung ganz unten in der Hierarchie des Teams und eigentlich nur dabei, um zu beobachten. Es war eine mühsame Fahrt auf schlecht asphaltierten und unbefestigten Straßen und durch Städte und ländliche Gemeinden. Wir mussten auch Gebiete passieren, die nicht von der Regierung kontrolliert wurden und von denen bekannt war, dass sie in den Händen von Rebellen waren. In einigen Gebieten hatten die Rebellen Blockaden errichtet, um das Fahren auf der Straße zu erschweren, und wir mussten Umwege nehmen. An einer dieser unbemannten Straßenblockaden hatten die Rebellen zahlreiche Drohbanner aufgehängt. Eines davon trug die Worte: »Yankees Go Home!!!« *Als wir uns der Straßensperre näherten, stellten wir fest, dass die Parolen auf die Rückseiten von Getreidesäcken geschrieben standen, Säcke, die vom US-Volk gespendet worden waren, um die Flüchtlinge zu ernähren. Diese Erinnerung zeigt bildhaft, wie verworren die Situation in Guatemala damals war.*

Als die Teamleiter mit den Anführern der Flüchtlinge, welche alles Männer waren, sprachen, bemerkte ich, dass viele der Frauen unten am Fluss Wäsche wuschen. Ich ging zum Fluss hinunter – und hatte eine inspirierende Unterhaltung. Unter anderem fragte ich sie: »Wenn die US-Regierung Ihnen helfen könnte, was sollte sie tun?« *Sie waren von der Frage überrascht und nachdem sie mich einen Moment lang angeschaut hatten, begannen sie miteinander zu reden. Schließlich sprach eine von ihnen für die gesamte Gruppe:* »Bringt uns bei, wie man etwas anderes als Bohnen und Reis kocht!« *Für mich war es eine großartige Erinnerung daran, wie wenig Hilfe die Menschen brauchten und wie oft wir die wichtigen Dinge übersahen, wenn wir uns nur auf das konzentrierten, was die Führung für nötig hielt! Großartige Ideen können jederzeit von überall herkommen.*

Um eine Idee zu entwickeln, kann es, wie dieser Erfahrungsbericht zeigt, nützlich sein, bestimmte Begebenheiten von verschiedenen Blickwinkeln aus zu betrachten, die man zunächst gar nicht beachten würde.

Charisma: der Nimbus der Erfolgreichen

Charisma, der Zauber der Persönlichkeit, beruht stets auf echtem Können und menschlichen Werten. Charisma ist der Nimbus der erfolgreichen Führungspersönlichkeiten. Diese Menschen sind immer unbewusste oder bewusste Vorbilder für ihre Umgebung. Sie haben Zugang zum Herzen ihrer Mitarbeiter, oft ohne, dass ihnen dies bewusst wird. Dennoch sind sie nur in den seltensten Fällen »geborene« Führungskräfte. Sie haben ihre Fehler und leugnen sie auch nicht. Aber sie hören nie damit auf, in nüchterner Selbstkritik an sich zu arbeiten und aus ihren Fehlern zu lernen. So wachsen und reifen sie in die Merkmale der echten Führungspersönlichkeit hinein.

Charisma, der Zauber der Persönlichkeit, beruht stets auf echtem Können und menschlichen Werten.

Ein charismatischer Mensch verfügt über die folgenden Eigenschaften:
- Er glaubt nicht an Lügen und Intrigen.
- Er glaubt nicht an den Zufall.
- Er wartet nicht auf bessere Zeiten.
- Er glaubt an die Wirksamkeit seiner Leistung.
- Er glaubt daran, dass er sich selbst anstrengen muss.
- Er vertraut seiner Fähigkeit, auch Durststrecken durchstehen zu können.
- Er glaubt an die treibende Kraft, die von großen Zielen ausgeht.
- Er zeichnet sich durch den Geist der Initiative, des Mutes und der Arbeitsfreude aus.

Die Macht der Begeisterung

Warum herausragende Führungspersönlichkeiten ihre Mitarbeiter nicht nur führen, sondern für ihre Ziele begeistern wollen, hat vielfache Gründe. Hier haben wir für Sie die wichtigsten neun Gründe zusammengestellt:
1. Begeisterung regt Menschen zum Handeln an.
2. Begeisterung hilft, Ziele zu erreichen.
3. Begeisterung macht anziehend.

4. Begeisterung ist der Schlüssel, der Tür und Tor zum Herzen anderer öffnet.

5. Begeisterung heißt, Menschen zu beeinflussen, ohne zu dominieren.

6. Wer andere begeistert, macht sie zu Siegern.

7. Wer begeistert ist, kann die Gedanken und Gefühle anderer in jede Richtung lenken.

8. Begeisterung ist ein Mittel, andere auf seine Seite zu bekommen.

9. Mit Begeisterung gelingen Leistungen.

2 Führungspsychologie: Stärken erkennen und nutzen

Der erste Eindruck

Innerhalb von fünf bis zehn Sekunden gewinnt ein Mensch bei einer Erstbegegnung einen ersten Eindruck von seinem Gegenüber. Diese oftmals unbewusste Wahrnehmung prägt die künftigen Kontakte und die Art und Weise des Umgangs. Der erste Eindruck ist der Grund dafür, ob wir einen Menschen sympathisch oder unsympathisch finden.

Eine Führungspersönlichkeit, die aus den unterschiedlichsten Charakteren ein leistungsfähiges Team bilden soll, in dem jeder seine Bedeutung hat, kann nicht nach Sympathie und Antipathie Entscheidungen treffen, sondern muss einen Weg finden, persönliche Gefühle der Sache zuliebe zurückzustellen – zumal sich auch der erste Eindruck in vielen Fällen als falsch erweisen kann und revidiert werden muss.

Menschenkenntnis setzt voraus, dass man einem anderen Menschen die Chance gibt, ihn wirklich kennenzulernen, bevor man ihn be- oder gar verurteilt.

Das Ziel ist, die Unvoreingenommenheit des allerersten Augenblicks zu erreichen. Nur damit halten Sie sich die Möglichkeit offen, eine Anfangsbeziehung zum Gegenüber aufzubauen und einzelne Wesenszüge zu erfassen, die möglicherweise für die gemeinsamen Aufgaben und Ziele wertvoll sein könnten. Menschenkenntnis setzt voraus, dass man einem anderen Menschen die Chance gibt, ihn wirklich kennenzulernen, bevor man ihn be- oder gar verurteilt.

Für den ersten Eindruck gibt es keine zweite Chance, heißt es. Doch insbesondere Führungskräfte können und sollten ihren Mitarbeiter bewusst mehrere Chancen einräumen, zumal der erste Eindruck auch abhängig ist vom eigenen subjektiven Gefühlszustand im Augenblick des Kennenlernens. Auch die Überschätzung der eigenen Urteilsfähigkeit, die suggestive Wirkung von Äußerlichkeiten der Gesamterscheinung, das Erheben der eigenen Betrachtungsweise zum unbewussten Wertmaßstab oder andere subjektive und objektive Einflüsse können das negative Urteil zum Nachteil des anderen begünstigen. Umso wichtiger ist es, dem betroffenen Mitarbeiter die Möglichkeit zu geben, das Bild wieder zu seinen Gunsten zurechtzurücken.

Nach einem negativen ersten Eindruck sollte eine Führungspersönlichkeit deshalb zur Selbstkontrolle greifen und sich fragen, ob möglicherweise eine Täuschung, hervorgerufen durch Einflüsse von innen oder von außen, vorliegen könnte oder ob sie ihren persönlichen Geschmack zu sehr in den Vordergrund gerückt hat. Manchmal stimmt auch schon der Gedanke gnädiger, sich bewusst zu machen, dass der Mitarbeiter sein Gehalt für die Leistung bekommt und nicht dafür, dass er dem Chef gefällt. Eine gesunde Skepsis gegenüber der Richtigkeit des ersten Eindrucks ist bei Führungskräften schon aus Gründen der Fairness angebracht. Die Frage »Warum habe ich gerade auf diese Art beurteilt?« etwa kann wesentlich zur Schärfung der Menschenbeobachtung und Menschenkenntnis beitragen.

Vorsicht jedoch bei einem hartnäckigen gefühlsmäßigen Einspruch: Ein zweites Gespräch nach einiger Zeit ist oft sehr ergiebig und kann Klarheit schaffen. Sinnvoll ist auch das schriftliche Festhalten des ersten Eindrucks. Nehmen Sie sich die Notizen später vor, kann dies zu fruchtbarer Selbstkritik führen und eine künftige Beurteilung positiv beeinflussen.

Eine Vielzahl von »ersten Eindrücken« gibt es zwangsläufig bei der Vorbereitung und Durchführung von Begrüßungsdinners von Botschaftsangehörigen, die neu an einen Standort kommen. Die folgende Geschichte hat sich in Sri Lanka zugetragen und sie zeigt, wie wichtig es ist, dass Führungskräfte ihre Intentionen mit den kulturellen Gepflogenheiten vor Ort so abstimmen, dass bei Anweisungen keine Missverständnisse entstehen. Das Hauspersonal konnte sich nicht vorstellen, dass die Gastgeberin selbst servieren wollte, und die Gäste wurden mit einer irritierenden Situation konfrontiert. Dabei wollten alle nur ihr Bestes geben!

»Bbrrrrrriinnngg. Bbrrrrrriinnngg.« Wir zwanzig, die wir um den Tisch saßen, sahen uns mit verwirrtem Gesichtsausdruck an. Nun, bis auf Sally, unsere Gastgeberin, die ein wenig frustriert dreinschaute.

Sally und ihr Mann Bob, der neue politische Berater an der US-Botschaft in Colombo, waren zwei Wochen zuvor in Sri Lanka angekommen. Seine Aufgabe war es, wichtige Kontakte zu pflegen, über politische Ereignisse zu berichten und Führungskräfte zu beeinflussen, die US-Politik zu unterstützen. Es war ihm wichtig, rasch Vertreter der politischen, kulturellen und gesellschaftlichen Elite kennenzulernen und einen positiven ersten Eindruck zu hinterlassen.

Traditionell veranstalten Neuankömmlinge in den ersten Wochen nach ihrer Ankunft eine Dinnerparty für wichtige Kontakte und Kollegen. Bob und Sally hatten klare Vorstellungen davon, wie sie ihre Partys gestalten und wen sie einladen wollten. Sie setzten sich mit den Mitarbeitern, die sie von ihren Vorgängern übernommen hatten, zusammen, um zu besprechen, wie sie sich die Durchführung förmlicher Abendessen vorstellten.

So erläuterte ihnen Sally, dass nicht das Hauspersonal die Mahlzeiten servieren sollte. Sie wollte selbst bedienen, um die Abendessen persönlicher und intimer zu gestalten, und instruierte das Personal, ihr die auf Platten vorbereiteten Speisen an der Durchreiche zwischen Küche und Esszimmer bereitzustellen. Diese Idee löste eine hitzige Diskussion aus, sie gefiel den Mitarbeitern gar nicht. Schließlich hatte Bob genug und wies das Personal an, das zu tun, worum Sally sie gebeten hatte. Niemand war glücklich.

Schließlich kam der Tag der ersten Dinnerparty und die achtzehn Gäste trafen ein. Das Personal leistete hervorragende Arbeit bei der Begrüßung der Gäste und servierte Hors d'œuvres und Getränke. Nach 45 Minuten bat Bob die Gäste zum Esstisch und das Personal verschwand. Alle setzten sich hin, während der Gastgeber und die Gastgeberin Wein und Wasser servierten. Nach ein paar Minuten Smalltalk nahm Sally eine kleine Glocke, läutete – und wartete darauf, dass das Essen auf den Tresen der Durchreiche gestellt würde, damit sie es den Gästen servieren konnte.

Nichts passierte. Die Gäste sahen sich gegenseitig an und fragten sich, was vor sich ging. Nach etwa einer Minute läutete Sally wieder die Glocke, etwas lauter, etwas kräftiger: »Bbrrrrrriinnngg. Bbrrrrrriinnngg.« Wieder geschah nichts. Wieder sahen wir uns an. Nach einer halben Minute läutet die Gastgeberin die kleine Glocke noch mal.

»*Bbrrrrrriinnngg! BBRRRRRRRIINNGGG!! BBRRRRRRRIINNGGG!!!*« *In-zwischen fühlten wir uns schon ziemlich unbehaglich und es blieb uns nichts anderes übrig, als unsere leeren Teller zu betrachten.*

Nach einer kurzen Pause entstand an der Durchreiche eine gewisse Unruhe, und als wir aufblickten, sahen wir eine Hausangestellte, die mit zwei Tellern in den Händen durch das Fenster kroch!

Da war wohl bei der Kommunikation etwas schiefgegangen. Das Hauspersonal hatte angenommen, sie sollten durch die Durchreiche kriechen, um das Essen zu ser-vieren, statt die Tür zu nehmen. Immerhin, das Eis war gebrochen und es gab bei diesem Dinner einige interessante Unterhaltungen!

Die Körpersprache der Leader

Einem Bettler sieht man auf den ersten Blick an Kleidung und Auftreten an, dass er ein Bettler ist, ein König sieht nicht nur aus wie ein König, er bewegt sich auch so. Sehen Sie wirklich aus wie der Boss oder ist es schon vorgekom-men, dass Sie von Besuchern Ihres Unternehmens oder Ihrer Abteilung wie der Pförtner oder ein Bürobote angesprochen wurden (»Können Sie mir sagen, wo ich die Abteilung XY finde?«)?

Sehen Sie wirklich aus wie der Boss?

Nicht nur die Kleidung und Ihr äußeres Erscheinungsbild verleihen Ihnen Aus-strahlung und Autorität, auch wie Sie sich geben, sich bewegen, wie Sie auf die Menschen zugehen, wie Sie mit Gesten Ihre Worte untermauern oder Lügen strafen, all das macht Sie glaubwürdig oder unglaubwürdig, sympathisch oder unsympathisch, ob Sie es wollen oder nicht. Ihre Gesten, Ihre Gebärden, Ihre Mimik und wie all diese unbewusst ausgesendeten Signale auf andere wirken, macht Sie entweder zum respektierten Sympathieträger, dem man glaubt, was er sagt und repräsentiert – oder zum Chef, den niemand mag oder ernst nimmt, hinter dessen Rücken getuschelt wird oder den jeder für einen Clown hält.

Die Signale Ihres Körpers senden Sie unbewusst aus, aber Sie senden sie immer, ob Sie einen Ihrer Mitarbeiter auf dem Flur begegnen, ob Sie eine Tür zu einem Büro öffnen oder ob Sie einfach im Aufzug einen »Guten Morgen«

wünschen. Jeder, der Ihnen begegnet, empfängt Ihre Signale und bildet sich in Sekundenbruchteilen eine Meinung über Sie.

Stellen Sie sich vor, Sie betreten ein Unternehmen und stoßen auf einen Herrn, der Ihnen mit hängenden Schultern, den Blick nach unten gerichtet, ohne Sie anzusehen, mit schlurfenden Schritten entgegenkommt und schnell an Ihnen vorbeihuscht, womöglich noch in einem zerknitterten, schlecht sitzenden Anzug. Würden Sie davon ausgehen, den Boss der Firma vor sich zu haben oder eher einen Mitarbeiter auf einer der unteren Ebenen? Die Körpersprache des Herrn signalisiert Ihnen: Ich bin unsicher, ich habe hier nichts zu melden, ich bin ein ganz kleines Licht in dieser Firma, ich fühle mich unwohl … Sie wären wohl sehr überrascht, wenn sich der Herr auf dem Flur plötzlich als Firmeninhaber oder einer der leitenden Manager vorstellen würde. Was für einen ersten Eindruck hätten Sie von diesem Unternehmen? Bestimmt nicht, dass es ein dynamischer Betrieb mit einer souveränen Persönlichkeit an der Spitze ist! Wenn Sie mit dem Gedanken gespielt haben, Kunde dieser Firma zu werden, suchen Sie jetzt wahrscheinlich schnell das Weite. Dabei brauchte der Mann nicht einmal etwas zu sagen: Allein seine Körpersprache hat Ihr Urteil beeinflusst.

Jeder, der Ihnen begegnet, empfängt Ihre Signale und bildet sich in Sekundenbruchteilen eine Meinung über Sie.

Ihre Zunge kann lügen, Ihr Körper nicht. Aber Sie können die Signalsprache Ihres Körpers ändern, wenn Sie wissen, welche Signale Sie senden und wie sie empfangen werden. Dabei hat es wenig Sinn, ab sofort die Schultern anzuspannen und zu glauben, dass Sie jetzt wie ein cooler, dynamischer Manager wirken. Sie lernen zuallererst durch die Beobachtung anderer. Wer wirklich sieht, kann mehr erkennen! Gerade als Führungskraft ist es überdies von großer Wichtigkeit, das Befinden Ihrer Mitarbeiter schon an der Körpersprache zu erkennen. Denn nur, wenn wir andere Menschen begreifen, wie sie wirklich sind, können wir ihnen auch gerecht werden und sie so führen und anleiten, wie es ihrer Persönlichkeit entspricht. Trainieren Sie deshalb Ihre Beobachtungsgabe, denn damit trainieren Sie Ihre Menschenkenntnis.

Menschenkenntnis führt zu Selbsterkenntnis – Selbsterkenntnis führt zur Menschenkenntnis.

Menschenkenntnis führt zu Selbsterkenntnis – Selbsterkenntnis führt zur Menschenkenntnis. Das heißt: Wer in anderen lesen kann, erfährt auch vieles über seine eigene Wirkung auf andere. Beobachten Sie deshalb die Körpersprache Ihrer Mitarbeiter, denn der Körper ist das Spiegelbild der Seele. Winden sich Ihre Mitarbeiter, wenn sie mit Ihnen sprechen; scharren sie unruhig mit den Füßen, wenn Sie ein neues Produkt präsentieren? Das verrät Ihnen, dass der andere unsicher ist. Es kann Ihnen aber auch verraten, wie Sie wirken, wenn Sie mit fahrigen Bewegungen vor Ihren Mitarbeitern oder Ihrem Kunden stehen und von einem Fuß auf den anderen treten. Einen festen Standpunkt strahlen Sie dabei mit Sicherheit nicht aus. Was der Mund verschweigt, verraten Körper, Hände und Gesicht. Ein schlaffer Händedruck sagt mehr über eine »schlaffe«, unentschlossene Persönlichkeit aus als eine noch so forsche und freundliche Begrüßungsfloskel, und flackernde Augen, die Unfähigkeit, dem Blick des Gegenübers standzuhalten, verraten Unsicherheit und sogar Ängstlichkeit.

Der »innere« Mensch – das Gefühlsleben – kann vom »äußeren« Menschen – von der Körpersprache geformt werden. Wer aber seine positive Entwicklung bewusst beeinflussen will, muss ständig an seiner Wirkung auf andere arbeiten. Wer etwa täglich vor dem Spiegel die Wirkung seiner Körpersprache trainiert, trainiert auch seine innere Gelassenheit, Selbstsicherheit und sein entschlossenes Auftreten vor anderen.

Der »innere« Mensch – das Gefühlsleben – kann vom »äußeren« Menschen – von der Körpersprache geformt werden.

Es kommt also bei einem Gespräch mit Ihren Mitarbeitern und Kunden nicht nur darauf an, *was* sie sagen, sondern auch, *wie* sie es sagen. Machen Sie sich deshalb zuerst bewusst, wie Sie auf andere wirken, und danach, wie Sie wirken möchten.

Merkmale souveräner Körpersprache

Es gibt einige wesentliche Merkmale der Körpersprache, wie sie souveräne Führungskräfte ausstrahlen:

Standfestigkeit: Die selbstbewusste Persönlichkeit steht aufrecht und mit beiden Beinen fest auf dem Boden und wankt nicht. Wer von einem Fuß auf den anderen tritt, signalisiert unbewusst einen „schwankenden" Standpunkt, also gar keinen. Aufrecht stehen können Sie zudem nur, wenn Sie standfest sind.
Unser Tipp: Trainieren Sie Ihre »Standfestigkeit« vor dem Spiegel.

Fester Händedruck: Ein fester Händedruck wird unbewusst wahrgenommen: Entschlossenheit und Mut (zu Entscheidungen). Ein lascher Händedruck verrät die zaudernde, zögernde, ängstliche und unsichere Persönlichkeit.
Unser Tipp: Üben Sie Ihren festen Händedruck mit einer Person Ihres Vertrauens.

Offene Gestik: Mit den Händen untermauern Sie das, was Sie sagen – oder Sie strafen es Lügen. Trainieren Sie deshalb vor dem Spiegel das Spiel der Hände, indem Sie Ihre Worte damit »betonen«. Offene Hände signalisieren Offenheit. Wer die Hände vor der Brust verschränkt oder gar in den Hosentaschen »versteckt«, wird als unehrlich wahrgenommen. Fahrige Bewegungen wie etwa häufiges Über-die-Haare-Streichen schwächen Ihre Aussagen, verwirren den Zuhörer und verursachen Unruhe bis hin zur Unbehaglichkeit. Am wirkungsvollsten sind weiche, fließende Bewegungen, die aber auch Entschlossenheit zeigen.
Unser Tipp: Studieren Sie die Hände eines Pianisten oder Dirigenten – oder einer indonesischen Tempeltänzerin –, um zu erkennen, wie intensiv Emotionen und Botschaften mit den Händen transportiert werden können.

Direkter Blickkontakt: Wer seinem Gegenüber fest in die Augen blicken kann, zeigt, dass er nichts zu verbergen hat. Der direkte Blickkontakt steht für Offenheit und Ehrlichkeit. Aber Vorsicht: Wer Augenkontakt mit Starren verwechselt, kann die gegenteilige Wirkung erzeugen und das Gefühl vermitteln, sein Gegenüber dominieren oder gar »durchbohren« zu wollen. *Unser Tipp:* Üben, üben, üben – am besten mit einem Menschen aus Ihrem persönlichen Umfeld.

Überzeugende Kleidung: Jede Aussage und auch die Sprache von Gestik und Mimik wirken nur in der angemessenen Kleidung, die Ihre Persönlichkeit unterstreicht. Kleiden Sie sich deshalb so, dass man Ihnen Ihre Worte auch abnehmen kann, also Ihrer Position entsprechend. Aber auch hier gilt: Nicht übertreiben, denn allzu viel Perfektion weckt nur Aggression. *Unser Tipp:* Denken Sie bei der Auswahl Ihrer Kleidung daran, dass nicht Sie erkennen müssen, wer Sie sind und wofür Sie stehen, sondern Ihr Gegenüber.

Wahrung der »Distanzzone«: Treten Sie Ihrem Gegenüber im wahrsten Sinne des Begriffs nie »zu nahe«. Jeder Mensch hat eine natürliche »Distanzzone«, deren Überschreiten als unangenehm oder sogar als unerhört empfunden wird. *Unser Tipp:* Als Faustregel empfehlen wir ein Annähern maximal auf Armlänge, also etwa 60 Zentimeter: Danach beginnt die Distanzzone.

Lächeln: Mit einem Lächeln können Sie jede Situation in ein positives Licht setzen. Selbst unangenehme Situationen lassen sich mit einem Lächeln überbrücken und entkrampfen. *Unser Tipp:* Setzen Sie Ihr Lächeln als »entwaffnende Waffe« ein, aber hüten Sie sich vor Dauergrinsen. Sie sind nicht der »Clown« Ihres Unternehmens oder Ihrer Abteilung, sondern der Boss!

Wie der folgende Erfahrungsbericht von Jim zeigt, kann sogar unterdrückte, nicht geäußerte Wut beim Gegenüber wahrgenommen werden und weitreichende Auswirkungen haben – hierbei auf das Arbeitsklima:

Wow! Ich konnte nicht glauben, dass ich endlich im Konsulat in Guangzhou war. Ich war am Vortag angekommen, um die Abteilung zu leiten, die für die Betreuung von US-Bürgern in und um Guangzhou zuständig ist. Die US-Mission in China spielt eine entscheidende Rolle bei der Verwaltung der Beziehungen zwischen den USA und China und bei der Betreuung der Millionen von Amerikanern, die jedes Jahr dieses Land besuchen. Und da war ich nun!

Ich kam voller Energie und Aufregung an. Mein kleines Mitarbeiterteam war wundervoll, die Arbeit wichtig: Hilfe für amerikanische Bürger in Schwierigkeiten und die Bereitstellung routinemäßiger konsularischer Dienstleistungen. Ich leitete das Büro und interagierte mit den Kunden –der perfekte Job für mich.

Der erste Kunde des Tages war eine Amerikanerin, die ihren Pass erneuerte. Das ist ein Routinevorgang, der nur wenige Augenblicke in Anspruch nimmt und der es mir erlaubt, ein wenig mit US-Bürgern zu plaudern. Ein Mitarbeiter begrüßt den Kunden, prüft die Unterlagen, schickt ihn zur Kasse und ruft mich dann an den Schalter, um den Antrag fertigzustellen.

Meine Mitarbeiter informierten mich, dass die Kundin bereit wäre, und ich ging zum Schalter hinauf. Ich nahm den Pass und den Antrag, ging zum Schalter und rief die Kundin auf. Ich begrüßte sie, dann sah ich mir den Antrag an ... und wurde wütend! Meine Mitarbeiter hatten nichts mit dem Antrag gemacht: Ich musste ihn überprüfen, an mehreren Stellen etwas ausfüllen, das Interview führen und dann die Antragstellerin zum Zahlen schicken. Warum musste ich meine Zeit damit verschwenden und was haben meine Mitarbeiter gemacht?!

Meine Mitarbeiter, die mich bei meinem ersten Fall genau beobachteten, sahen, dass ich wütend war (Notiz an mich selbst: Niemals Poker spielen, du bist einfach zu leicht zu durchschauen!). Ich beendete das Interview, füllte die Unterlagen aus und dankte der Antragstellerin. Zu meinen Mitarbeitern sagte ich kein Wort und ging in mein Büro, um zu überprüfen, was passiert war. Ich war zunächst wütend auf meine Mitarbeiter: Wie konnten sie so einen Mist abliefern? Aber nach einem tiefen Atemzug wurde mir klar, dass der Fehler bei mir lag. Ich hatte erwartet, dass sie die Dinge genauso machen würden, wie wir es in meinem letzten Büro getan hatten, wo die Mit-

arbeiter alles vorbereitet hatten. Ich verifizierte die Daten, führte ein kurzes Interview und unterschrieb das Formular. Ich konnte mich auf den Kunden konzentrieren und musste mich nicht um den Papierkram kümmern. So haben sie es in Guangzhou aber nicht gemacht.

Ich habe an diesem Morgen den Rest der Kunden auf die gleiche Weise betreut, und dann habe ich das Team zusammengerufen, um den Prozess zu besprechen und zu prüfen, wie wir ihn verbessern könnten. Wir waren uns einig, dass der Mehrwert, den ich geschaffen habe, darin bestand, mich um die Vereidigung zu kümmern, den Antrag zu unterzeichnen und mit dem Kunden zu interagieren. Da sie die Vorgehensweise, das Bewerbungsformular und die Kunden besser kannten als ich, haben sie einen Mehrwert geschaffen, indem sie dafür sorgten, dass das Formular korrekt und vollständig ausgefüllt wurde und dass die Zahlung in der richtigen Höhe geleistet wurde. Wir haben einen neuen Prozess geschaffen, der den erstklassigen Kundenservice verstärkte und bei dem jeder von uns Mehrwert einbrachte.

Stellen Sie sich meine Überraschung vor, als meine Mitarbeiter mir achtzehn Monate später, als ich China verließ, sagten, wie verängstigt sie noch immer von mir waren; sie hatten sich von diesem ersten Fall nie erholt. Sie wussten, dass ich dabei wütend auf sie war, aber ich hatte nie eingestanden, dass ich wütend war. Sie haben mir danach nie wieder ihr volles Vertrauen geschenkt, auch wenn ich sie nicht angeschrien oder beschuldigt habe: Die Kraft dieser uneingestandenen Wut wirkte achtzehn Monate lang!

Es war eine ziemliche Lektion: Ich dachte, wenn ich meine Wut nicht anspreche oder ausdrücke, würde das Team sie nicht bemerken und es wäre in Ordnung. Stattdessen gärte diese Angst angesichts meiner Wut vor sich hin und ließ das Team vor mir zurückschrecken. Ich hätte zugeben sollen, dass ich wütend auf das Team war, und darüber diskutieren sollen, was ich vorhatte. – Wir haben überlebt, aber wie sehr hätten wir wachsen können!

Charaktereigenschaften und Verhaltensweisen

Die Begriffe »Charakter« oder »Persönlichkeit« definieren die bestimmte Wesensart eines Menschen. Gleichzeitig werden diese Begriffe im engeren Sinn speziell für die positive Kennzeichnung eines Menschen gebraucht, etwa: »Herr Müller ist ein echter Charakter.« Oder: »Frau Maier ist eine Persönlichkeit.« Darin liegt Anerkennung, Respekt und Bewunderung.

Der Charakter in seiner eigentlichen Bedeutung ist das Ergebnis von Vererbung und Umwelteinflüssen (z. B. Erziehung). Er stellt also nicht die ursprüngliche Natur des Menschen dar, sondern wie sich der Mensch aus ihr heraus sich selbst und seine Welt gestaltet. In den Grenzen der Veranlagung ist der Charakter durchaus veränderbar. Von großer Bedeutung ist dabei die Erziehung in den ersten Lebensjahren und das soziale Bezugssystem des Einzelnen. Der Charakter ist ein erst mit dem Tod endender dynamischer Prozess. Wer also heute noch keine »Persönlichkeit« ist, kann durchaus noch eine werden, denn: Jeder kann der werden, der er sein möchte.

Jeder kann der werden, der er sein möchte.

Echte Wesenszüge oder Eigenschaften sind scharf von Verhaltensweisen zu unterscheiden. Das Verhalten ist nur die Folge von Eigenschaften und der Beeinflussung durch die Umwelt. Diese mittelbaren Auswirkungen der Wesensart bestimmen in hohem Maß das Verhalten nach außen. An ihm lesen wir die sogenannten Eigenschaften eines Menschen. Ehrlichkeit zum Beispiel ist weniger eine Eigenschaft als eine Verhaltensweise infolge von Beeinflussung. Jemand kann ehrlich sein, weil er von der Persönlichkeit her Pflichtbewusstsein und Wahrhaftigkeitssinn als Charaktereigenschaft in sich hat. In den meisten Fällen jedoch ist Ehrlichkeit zweckgebunden oder wird taktisch eingesetzt, etwa aus persönlichem Ehrgeiz oder Angst vor negativen Folgen. Die Behauptung, jemand sei ehrlich, ist deshalb im Prinzip falsch. Richtig wäre zu sagen, dass jemand sich ehrlich verhalten hat, denn Ehrlichkeit ist eine äußere Verhaltensweise ohne innere Aussagekraft.

Viele Führungskräfte denken bei der Bewertung von Mitarbeitern zu wenig an deren innere Wesensart und an die besonderen äußeren Umstände, die das Verhalten bewirken. Deshalb sollte die Frage »Warum?« am Anfang jeder psychologischen Betrachtung und Beurteilung stehen. Etwa: »Warum verhält sich Herr Müller so?« oder »Warum kommt Frau Maier mit ihren Kollegen nicht gut klar?« Mit dieser Betrachtungsweise können viele Fehlbeurteilungen vermieden werden.

Die folgende Erzählung von Jim zeigt, was eine Führungskraft tun kann, um Situationen zu bewältigen, in denen es für Mitarbeiter wie auch für die

Führungskraft selbst aus ethischen Gründen schwierig ist, eine formal korrekte Entscheidung zu akzeptieren und umzusetzen. Jim hat die moralischen Bedenken der Mitarbeiter respektiert und nichts von ihnen verlangt, was er auch selbst nicht getan hätte – das Ergebnis seines Eingreifens sprach für sich.

Carlos, ein Salvadorianer, der ein Einwanderungsvisum beantragt hatte, um mit seiner Frau und seiner Familie in den USA zusammengeführt zu werden, war angeblich ein Pädophiler. Die Aufzeichnungen deuteten darauf hin, dass seine Frau ihn während seiner Zeit in den USA wegen Belästigung seiner minderjährigen Tochter bei der Polizei angezeigt hatte. Er floh zurück nach El Salvador, bevor die Polizei ihre Untersuchung abschließen konnte. Seine Frau hatte einen Antrag eingereicht, damit er einwandern konnte, nachdem die Kinder alt genug waren, das Haus zu verlassen.

Normalerweise sind dies einfach zu entscheidende Fälle: Die Beamten lehnen sie ab. Leider beantragte er ein Einreisevisum und ohne eine Verurteilung oder ein Geständnis konnten wir ihm das Visum nicht verweigern. Wir waren alle wütend aufgrund der Vorstellung, dass wir einem mutmaßlichen Pädophilen ein Visum erteilen müssten. Nachdem wir unsere Möglichkeiten ausgelotet und überlegt hatten, was wir tun könnten, entschieden wir uns, Joe, einen unserer Sicherheitsexperten in der Botschaft, zu bitten, den Bewerber zu interviewen.

Joe war meisterhaft. Nachdem er sich mit Carlos zusammengesetzt hatte, begann Joe, die Anklage durchzugehen. Carlos bestätigte die Anschuldigungen, aber er verteidigte sich: »Ich habe sie nur belästigt, als ich Crack geraucht hatte.« Joe ließ Carlos das Geständnis aufschreiben und es unterschreiben. Dann schickte er Carlos zurück in die konsularische Abteilung, wo wir den Fall noch einmal aufrollten und Carlos informierten, dass er nicht für ein Visum in Frage komme. Wir waren begeistert von dem Ergebnis.

Leider teilte die Abteilung unsere Begeisterung nicht. Eine Woche später erhielt der Beamte, der das Interview führte, eine E-Mail von den Anwälten des Visa-Büros, in der man ihm mitteilte, dass das Geständnis bezüglich Pädophilie und Drogenkonsum ungültig sei, da Joe dem Antragsteller vor der Befragung seine Rechte nicht vorgelesen habe. Unnötig zu sagen, dass meine Mitarbeiter geradezu mit Rebellion drohten, als sie die E-Mail gelesen hatten.

Ich war in einer schwierigen Lage. Eine meiner wichtigsten Überzeugungen war, dass ich meine Mitarbeiter nicht bitten könnte, etwas zu tun, was ich nicht auch tun würde. Hier wurden wir von unseren Anwälten angewiesen, etwas zu tun, was uns allen moralisch widerstrebte. Ich fragte sie, ob sie etwas dagegen hätten, wenn ich den Fall übernähme. Sie gaben den Fall und die E-Mail gerne an mich weiter.

Nachdem ich mir die Sache noch einmal angesehen hatte, schickte ich den Anwälten eine E-Mail, in der ich mich für ihre schnelle Reaktion bedankte, und den Fall noch einmal zusammenfasste. Ich fügte hinzu, dass wir ihrer Bitte, das Visum auszustellen, gerne nachkommen würden, aber dass ich eine offizielle Anweisung des stellvertretenden Sekretärs dazu benötigte. Mit anderen Worten, die Anwälte sollten ein formelles Memo verfassen, das uns anwies, ein Visum für einen nachweislichen Pädophilen auszustellen, und dies mit Genehmigung der höchsten Ebene. Wir haben nie wieder etwas zu dieser Angelegenheit gehört.

Den Gegenwert erkennen

Yin und Yang, die Verschmelzung zweier gegensätzlicher Pole zu einem geschlossenen Kreis, steht im asiatischen Kulturkreis und in buddhistisch geprägten Gesellschaften dafür, dass ohne Gegensätze kein harmonisches Ganzes entstehen kann. Mann und Frau etwa, so lautet die Philosophie des Tao, können nur durch die Offenbarung ihrer Unterschiedlichkeit zur Harmonie gelangen.

In allen Wesenszügen ist also auch ein Gegenwert enthalten. Wenn es das Böse nicht gäbe, könnte auch nicht beurteilt und bewertet werden, was gut ist. Feuer zum Beispiel kann wohlige Wärme spenden – oder Leben vernichten. Der Mitarbeiter, der die Nerven seiner Umgebung mit seiner Pedanterie strapaziert, kann für eine Aufgabe eingesetzt werden, bei der es auf Gründlichkeit, den positiven Gegenpol von Pedanterie, ankommt, während der Fantast eher für eine Tätigkeit in Frage kommt, bei der er Kreativität einsetzen muss.

So wie aus jedem Vorzug durch Übertreibung ein Nachteil, ein Fehler werden kann, kann jeder Fehler durch Besinnen auf den Gegenwert zu einem Vorzug werden. »Von Natur besitzen wir keinen Fehler, der nicht zur Tugend, keine Tugend, die nicht zum Fehler werden könnte«, sagte Goethe. Jede positiv gewertete Eigenschaft trägt also den Kern des Minus in sich – und umgekehrt. Je nach Situation und Einflüssen steht entweder das eine oder das andere im Vordergrund.

Neutralität im Denken und Urteilen bewahrt vor Fehlurteilen.

Die Aufgabe einer Führungspersönlichkeit liegt nun darin, die Anforderungen an die Mitarbeiter und die Einflüsse und Bedingungen so zu steuern, dass sich das Plus entwickeln kann und das Minus in den Hintergrund treten muss. Einem schlechten Gedächtnis etwa kann durch ein gutes Terminplansystem auf die Sprünge geholfen werden, eine schwache Begabung kann durch zähen Fleiß ausgeglichen werden. Am wichtigsten ist jedoch die Erkenntnis: Neutralität im Denken und Urteilen bewahrt vor Fehlurteilen.

Jim bringt dazu ein besonders eindrucksvolles Beispiel. Lesen Sie die nun folgende Geschichte von Jonah und Sie werden verstehen, was es bedeutet, als Führungskraft die zwei Seiten einer Medaille schätzen zu lernen, obwohl es manchmal »Oh mein Gott!«-Momente gibt!

»Oh mein Gott! Ich kann nicht glauben, dass er das gerade gesagt hat!« Ich bedeckte meine Augen mit der Hand, schüttelte den Kopf und kicherte vor mich hin, während ich seine Interaktion mit seinen Mitarbeitern belauschte. Jonah war der beste Manager, der je für mich gearbeitet hat: Er wusste, was wichtig war, er wusste, wie man es umsetzt, und er wusste, wie man ein achtzigköpfiges Team dazu bringt, Dinge zu erledigen. Ich hatte immer größte Ehrfurcht vor seinen Fähigkeiten.

Dennoch: Manchmal wirkte er abweisend, kalt und gefühllos, wie eine Maschine. Aber – meine Güte! – er brachte die Dinge voran. Präzision und Konzentration waren Teil seiner Fähigkeit, Dinge zu erledigen, aber sie konnten sein Team auch negativ beeinflussen. Und das wusste er auch. Seine Mitarbeiter respektierten und bewunderten ihn, aber sie waren auch oft frustriert und wütend.

Ein Teil des Problems war, dass er wusste, er konnte die Arbeit besser machen als seine Mitarbeiter – und er hatte recht. Wie ich ihn jedoch immer wieder daran erinnerte, war das nicht sein Job. Seine Aufgabe war es, seine Mitarbeiter dazu zu bringen, es selbst besser zu machen.

Es war jedoch ein ständiger Kampf. Jonah war sich dessen bewusst, und er bemerkte selbst, wenn er den falschen Weg einschlug. Aber manchmal konnte er nicht anders. Er war nie grausam, aber – meine Güte! – manchmal war er so geradeheraus, direkt ins Gesicht, einschüchternd. Leider war die Atmosphäre, die er mit diesem Ansatz geschaffen hatte, das Gegenteil dessen, was ich von ihm haben wollte.

Mit Jonah gab es viele Momente nach dem Motto »Oh mein Gott! Ich kann nicht glauben, dass er das gerade gesagt oder getan hat«. Aber diese Momente stellten verschiedene Seiten derselben Medaille dar, wie eben auch seine herausragenden Fähigkeiten. Ich konnte nicht nur eine Hälfte haben. Ich musste die ganze Medaille nehmen. Ich musste mir darüber klar werden, ob ich das gesamte Paket annehmen konnte.

Ich beschloss, dass ich die ganze Medaille behalten wollte. Ich kam zu dem Schluss, dass sich der Nachteil lohnte, weil Jonah ein Herz aus Gold hatte, weil er sich dieser Schwäche bewusst war – und weil sein Team seine Eigenheiten verstand und ihn liebte!

Ich wusste, dass ich die richtige Wahl getroffen hatte, als etwa achtzehn Monate nach meinem ersten Treffen mit Jonah sein Team einen überraschenden »Jonah Day« kreierte. Während unseres neunstündigen Arbeitstages schufen sie einen Haufen kleiner »Jonahismen« – typische Dinge, gut und schlecht, die er eben so machte. Es war ein erstaunlicher Ausdruck von Liebe für ihn. Ich glaube nicht, dass er an diesem Tag geweint hat, aber ich erinnere mich, dass ich während mehrerer der »Jonahismen« Tränen in den Augen hatte. Sie hatten seine Eigenheiten exakt erfasst. Es war ein Tag der Verbundenheit und Kraft für uns alle.

Natürlich funktioniert das nicht immer so gut. Ich habe in einem anderen Kapitel beschrieben, wie ich eine meiner Führungskräfte falsch eingeschätzt habe und wie sich diese Fehleinschätzung negativ auf die Geschäftstätigkeit ausgewirkt hat. Der Unterschied zwischen diesen beiden Geschichten und einer, die ich damals noch nicht kannte, besteht darin, dass Jonah sich auf die Organisation und seine Leute konzentrierte und darauf, was für sie das Beste war. Bei seiner Präzision und Konzentration ging es nicht um sein Ego, und das machte den Unterschied aus.

Temperament und Führung

Gradmesser für die Erregbarkeit ist das individuelle Temperament. Das Temperament kennzeichnet die Flüssigkeit der inneren Abläufe. Es ist keine Stimmungslage, sondern kennzeichnet ein Reaktionsmuster auf bestimmte Situationen. Menschen, die leicht erregbar sind, verfügen über viel Temperament. Sie brausen schnell auf, vergreifen sich auch zuweilen im Ton, können beleidigend werden, sind aber auch lebhafte Menschen voller Tatendrang und Spannkraft. Schwer erregbare Menschen wirken häufig phlegmatisch oder schwerfällig, sind aber dafür zuverlässig und verbindlich, wenn sie sich für andere erwärmt haben. Ideal ist die richtige Mischung zwischen den positiven Temperamentpolen, also Lebhaftigkeit in Verbindung mit Herzenswärme, Zuverlässigkeit und Tatendrang.

Im Einzelfall ist das Temperament vom Interesse, also vom Grad der Triebfedererregung oder von der Motivation abhängig. Je größer das Interesse an einer Sache, desto temperamentvoller wird die Reaktion ausfallen. Sehr engagierte und hoch motivierte Mitarbeiter, die sich mit dem, was sie tun, stark identifizieren, zeigen eine höhere individuelle Erregbarkeit, wenn es um ihre Tätigkeit geht, als weniger Engagierte, die eher gleichmütig reagieren.

Wir haben so gut wie keinen Einfluss auf das Temperament anderer Menschen.

Das Grundtemperament ist nahezu unveränderlich. Wenn überhaupt, kann nur in bestimmten Teilbereichen bei großer Willensanstrengung eine bescheidene Mäßigung erzielt werden. Wir haben so gut wie keinen Einfluss auf das Temperament anderer Menschen. Ob ein Mitarbeiter Schwung hat, zu impulsiv reagiert oder eine sprichwörtliche »Schlaftablette« ist, müssen Führungskräfte akzeptieren.

Allerdings kann man durch einige gezielte pragmatische Hilfsmittel beim eigenen Temperament korrigierend wirken. Ein Vorgesetzter, der weiß, dass er zu cholerischen Reaktionen neigt, sollte etwa Probleme überschlafen, bevor er Maßnahmen ergreift, während der schwerblütige Chef bestimmte Vorgänge sofort erledigen sollte.

Was Alexander zum Thema Temperament ausführt, kann ich mit einer Geschichte ergänzen, die zeigt, wie eine fehlende Information dazu führte, dass eine Top-Führungskraft sich zu Reaktionen hinreißen ließ, die der Situation nicht angemessen waren. Doch aus solchen persönlichen Erlebnissen lässt sich viel lernen.

Ein brillanter Militärkommandant hatte ein paar stressige Monate hinter sich und freute sich darauf, wieder in die USA zurückzukehren, um seine Familie zu sehen und sich für ein paar Wochen auszuruhen. Endlich auf dem Flughafen, wurde ihm gesagt, dass er der Einsatzkommandant für die anderen 120 Leute wäre, die ebenfalls nach Hause zurückkehrten. Er sollte sicherstellen, dass sie zusammenblieben und die rich-

tigen Flüge nahmen, bis sie in die Staaten zurückgekehrt waren. »Okay«, dachte er, »nur noch ein kleines Ärgernis, bevor du nach Hause kommst.«

Er hing im Wartebereich herum, als die Ankündigung erfolgte, dass die C-130, die sie benutzen sollten, defekt war und sie sich verspäten würden. Der Kommandant war ein wenig verärgert und stand auf, um mit dem jungen Soldaten zu sprechen, der die Ankündigungen der Verzögerung durchgegeben hatte.

»Tut mir leid, Sir, ich weiß nicht, was das Problem ist oder wie lange es dauern wird, es zu beheben.«

Der Kommandant grummelte vor sich hin und schlurfte zurück zu seinem Platz.

Zwanzig Minuten später kam die Ankündigung weiterer Verzögerungen. Die Frustration des Kommandanten nahm zu. Er wollte nur nach Hause. Wieder ging er zu dem Jungen und wollte wissen, was los war. Der Arme war etwas aufgeregt, aber er hatte keine zusätzlichen Informationen. Der Kommandant stampfte zurück zu seinem Platz.

Dreißig Minuten später kam die nächste Ankündigung, dass sich der Flug um weitere 30 Minuten verzögern würde. Nun war der Kommandant wütend, aber der arme Soldat versuchte, die Last von ihm zu nehmen: »Sorry, Sir, wir haben immer noch keine Abflugzeit, aber wenn Sie möchten, können Sie in der VIP-Lounge warten.«

VIP-Lounge? Okay. Der Kommandant nahm seine Ausrüstung und ging in die klimatisierte VIP-Lounge mit ihren kostenlosen Snacks und Getränken und TV. Ahhhh, das war schon besser.

Dreißig Minuten vergingen und das Flugzeug war endlich bereit zum Einsteigen. Der Kommandant sammelte seine Ausrüstung zusammen und ging zum Tor. Als er am Tor stand, kam ein Sergeant auf ihn zu: »Entschuldigung, Sir, wissen Sie, wann unser Flug zum Einsteigen bereit sein wird?«

Der Kommandant hatte die anderen 120 Passagiere völlig vergessen!

»Oh, ja, Sergeant, hier ist die Passagierliste. Können Sie alle einsammeln und sie zum Einsteigen fertigmachen?« Nach zehn Minuten standen sie bereit, und endlich stiegen sie ein und entspannten sich.

Aber es war ein kurzer Flug, denn sie mussten in Erbil zwischenlanden, um einige weitere Passagiere abzuholen. Nach der Landung stiegen sie aus und gingen in den Wartebereich.

Nach etwa 30 Minuten kam die Ankündigung: Der Abflug würde sich wieder verspäten! Der Kommandant war sauer. Er stürmte auf den Agenten am Gate zu und ließ seiner Wut freien Lauf. Der Agent entschuldigte sich und sagte: »*Wir haben eine VIP-Lounge, die Sie gern benützen dürfen.*«

»*Okay!*«

Er rief den Sergeant zu sich und bat ihn, sich um die anderen Passagiere zu kümmern, während er in die VIP-Lounge ging. Eine Stunde später waren sie wieder bereit zum Einsteigen.

Als sie zum Flugzeug hinausgingen, bemerkten sie, dass der Schwanz nicht unten war. Dabei wäre das der einfachste und schnellste Weg, um in die C-130 einzusteigen. Als sie am Chef der Besatzung vorbeikamen, wollte der Kommandant wissen, warum der Schwanz nicht abgesenkt war.

»*Tut mir leid, Sir, wir haben da hinten Fracht.*«

Der Kommandant drängte an dem Piloten vorbei und stieg in das Flugzeug. Als er in den Laderaum kam, sah er, warum sie sich verspätet hatten und warum sie den Schwanz nicht absenken konnten: Hier standen drei mit Fahnen bedeckte Särge mit den Überresten von US-Service-Mitgliedern, die im Irak ums Leben gekommen waren. Der Kommandant blieb einfach nur stehen und starrte auf die Särge.

Als er sich auf die Sling-Sitze zu den Särgen setzte, dachte er über sein Verhalten der letzten Stunden nach und darüber, wie kleinlich er gewesen war. Er war seinen Führungsstandards nicht gerecht geworden. Dies war eine schmerzhafte Lektion, die ihn zu einem besseren Leader machte.

Wille und Energie

Der Wille als solcher ist keine Kraft, sondern die geistige Fähigkeit eines Menschen, seine Kräfte auf ein bestimmtes Ziel hinzusteuern. Die Summe dieser vitalen Antriebskräfte ist die Energie. Ohne sie vermag der bloße Wille nichts auszurichten. Ein Schütze, der die Zielscheibe im Visier hat und abdrückt (Wille) braucht die Kraft des Pulvers, um tatsächlich schießen zu können. Der Manager, der vor seiner Geschäftsreise nach Japan seine Japanisch-Kenntnisse auffrischen möchte (Wille), braucht die Energie, die ihn antreibt, einen Sprachkurs zu belegen und Vokabeln zu lernen. Wer zehn Kilo abnehmen will, erreicht dies niemals, weil er will, sondern weil er die Energie aufbringt, etwas dafür zu tun, sei es eine Diät oder ein Fitness-Programm. In Wahrheit ist der Mensch kein willensmäßig Handelnder, sondern ein von seinen Antriebskräften Getriebener.

Der Wille ist die geistige Fähigkeit eines Menschen, seine Kräfte auf ein bestimmtes Ziel hinzusteuern.

Der Wille aktiviert die Energie – ohne etwas zu wollen, gibt es keinen Grund, etwas zu tun. Aber: Ohne Energie kann selbst der stärkste Wille nichts ausrichten. Nicht der Wille versetzt Berge (vielleicht will er es ja), sondern die Antriebskräfte. Wille ist Lenkung, Energie ist Kraft.

Wer sich selbst oder andere dazu bringen will, eine Leistung zu vollbringen, muss einen emotionalen Anreiz schaffen, eine Motivation. Alles was Spaß macht, weckt Energien. Menschen, die ein Hobby mit Leidenschaft ausüben, müssen sich nicht dazu überwinden. Sie wollen und handeln, ohne sich überwinden zu müssen. Wenn die Arbeit Spaß macht, fällt sie leicht und wird mit viel Energie erledigt. Der Energietank wird immer wieder aufgefüllt. Burnout, das Gefühl, ausgebrannt zu sein, ist die Folge eines leeren Energietanks und letzten Endes einer Tätigkeit, die keinen Spaß macht – nicht ausfüllt. Das Interesse an einer Sache aktiviert die Energie, Desinteresse vernichtet Energie.

Jeder Energieverbrauch für die falschen Ziele führt dazu, dass für die richtigen Ziele, für positive Zwecke immer weniger Energie zur Verfügung steht. Deshalb ist es wichtig, sich positive Ziele zu setzen, den Willen in diese Richtung zu lenken, und Spaß an der Aufgabe zu haben beziehungsweise zu vermitteln. Motivationsanreize wie eine Beförderung oder eine außerplanmäßige Prämie sind das Mittel, das Führungskräfte haben, um das Interesse der Mitarbeiter neu zu aktivieren, das die Energie unmittelbar wirksam macht.

Wille und Energie: An diesen beiden Faktoren mangelt es Jim nicht, und so hat er es mit Geduld und Beharrlichkeit geschafft, die Arbeitssituation seiner Mitarbeiter zu verbessern. Da es sich dabei um die Auslagerung einer Kerntätigkeit aus der Abteilung handelte, gab es viele Widerstände, aber der Erfolg gab ihm, wie so oft in seiner Laufbahn, recht.

Die meisten Bürokratien leben von Prozessen und Regeln und Menschen, die diese Prozesse und Vorschriften aufrechterhalten. Solange sich keine Krise abzeichnet, ist es immer einfacher, den Status quo beizubehalten, nach dem Motto: »Wenn es nicht kaputt ist, repariere es nicht.« Es ist meine Erfahrung, dass Mitarbeiter dieses Sprichwort häufig verwenden, um mittelmäßige Prozesse zu rechtfertigen, von denen sie an-

nehmen, dass sie funktionieren. Durch die Fokussierung auf den Prozess und nicht auf die Bedürfnisse unserer Kunden verpassen wir jedoch Möglichkeiten, besseren Service zu bieten und unser Geschäft zu erweitern. Mit anderen Worten, es kann richtig sein, dass der Prozess nicht verändert wird, aber wir könnten dabei die Tatsache übersehen, dass unser Produkt und unser Prozess die Bedürfnisse unserer Kunden nicht mehr erfüllen.

Meine Mitarbeiter in Mailand waren überzeugt, dass unsere Prozesse perfekt waren und wir nur mehr Leute einstellen mussten. Unser Arbeitspensum hatte zugenommen, und die Telefone klingelten ständig. Am Vormittag befragten wir Antragsteller für Visa, am Nachmittag bearbeiteten wir Visa und druckten sie aus, und am Nachmittag beantworteten wir Anfragen (schriftlich und telefonisch). Wir rationalisierten, eliminierten unwesentliche Aufgaben und griffen auf Unterstützung durch andere Abteilungen zurück. Trotzdem waren alle gestresst und niemand war glücklich, am allerwenigsten unsere Kunden, die stundenlang Schlange stehen mussten oder am Telefon ewig darauf warteten, eine Frage stellen zu können.

Das Personal war überzeugt, dass die einzige Antwort darin bestand, neue Leute einzustellen. Aber wo würden wir sie unterbringen? Wie würden wir sie bezahlen? Unsere Arbeitsmenge an sich war nicht so stark angestiegen, es war nur alles komplexer und zeitaufwendiger geworden. Es war eine Katastrophe, verbunden mit dem Stress des endlosen Klingelns von Telefonen.

Nachdem wir uns mit dem Team unterhalten hatten, beschlossen wir, nur noch eine Stunde pro Tag auf Telefonanrufe zu reagieren. Zwei Personen sollten die Anrufe in Rotation übernehmen. Das brachte sofort Ruhe in die Abteilung. Aber der Stress im übrigen Konsulat und in den anderen drei konsularischen Abteilungen in Italien stieg: Leute, die uns nicht erreichen konnten, riefen die anderen Konsulate und Abteilungen an, um ihre Fragen dort zu stellen. Es war gar nicht schön: Meine Kollegen außerhalb der konsularischen Abteilung waren wütend auf mich, weil ihre Telefone ständig klingelten und das ganze System unter Stress kam. Ich ließ mich davon nicht beirren: Ich konnte entweder meine Mitarbeiter Anrufe beantworten oder Visaanträge bearbeiten lassen. Beides gleichzeitig ging nicht.

Schließlich stimmten alle darin überein, dass unsere Prozesse und die Personalausstattung unzureichend waren. Man bat mich, eine Lösung zu finden. Mit dem Wissen, dass dieser Moment kommen würde, hatte ich die Daten schon bereit und präsentierte mehrere Optionen, darunter die Einstellung von mehr Personen, die Verkürzung der

Servicezeiten und die Weiterleitung der Anrufe an ein Callcenter. Für jede Lösung gab es Vor- und Nachteile, keine von ihnen war ideal.

Ich drängte auf die damals neuartige Idee, ein Callcenter für unsere Behördenaufgaben einzurichten. Die Anhänger von Traditionen hassten die Idee. Sie sprachen sich gegen mich und die Idee aus, aber schließlich gaben sie dem unerbittlichen Druck der Anrufe nach und stimmten meinem Vorschlag zu. Es gab Proteste und man war auf mich wütend. Die Leute leisteten Widerstand, sie versuchten, diesen Fortschritt zu blockieren, und sie beschwerten sich überall, wo es nur ging. Aber wir haben immer weitergemacht.

Endlich, nach sechsmonatiger Anstrengung, hatten wir das System implementiert. Es war ein toller Tag. Die Telefone klingelten nicht mehr, und im Büro herrschte Ruhe. Wir konnten uns konzentrieren und wir konnten fühlen, wie der Stress dahinschmolz. Die Lösung war nicht perfekt, aber wir hatten alle Probleme vorhergesehen und kannten die Wege, sie zu bearbeiten. Zu meiner Überraschung riefen mich die meisten der lautesten Kritiker unserer Bemühungen an diesem Tag an, um sich für ihren Widerstand zu entschuldigen und mir für die Ruhe und den besseren Kundenservice zu danken.

Selbstwertgefühl und Ich-Anspruch

Selbstwertgefühl wirkt sich in allen Lebensbereichen aus. Der Mensch, der sich selbst etwas wert ist, wirkt selbstbewusst und selbstsicher. Nichts und niemand kann ihm dieses Gefühl nehmen, einen Wert zu haben. Selbstwertgefühl ist ein unbewusstes Selbstvertrauen, das heißt, man kann sich auf sich selbst verlassen. Dieses Urvertrauen in sich selbst beeinflusst das Denken und Handeln. Nur mit einem ungestörten Selbstbewusstsein kann man von seinen Fähigkeiten auch wirklichen Gebrauch machen, denn wer sich selbst bedingungslos vertraut, ist offen für Neues, geht Probleme furchtlos an und ist frei und unabhängig in seinen Entscheidungen. Allerdings kann ein übersteigertes Selbstbewusstsein auch zu Selbstüberschätzung und Selbstherrlichkeit führen.

Der Mensch, der sich selbst etwas wert ist, wirkt selbstbewusst und selbstsicher.

Im Gegensatz zum Selbstwertgefühl steht der Ich-Anspruch oder Selbstschätzungstrieb. Dahinter steht ein starkes Verlangen nach Anerkennung, was prinzipiell sehr menschlich ist, denn Anerkennung ist Motivation. Doch Menschen mit einem starken Ich-Anspruch haben zuweilen ein überzogenes Geltungsbedürfnis, gepaart mit Eitelkeit und Arroganz. Sie wollen etwas sein und wirken in ihrem Ehrgeiz und ihren Bemühungen um Anerkennung oft unecht.

Für Führungspersönlichkeiten ist es wichtig zu erkennen, in welchem Verhältnis bei ihnen Selbstwertgefühl und Selbstschätzungstrieb stehen. Alle Menschen haben ein mehr oder weniger großes Selbstwertgefühl. Es handelt sich um einen Wesenszug, der bei dem einen sehr stark ausgeprägt, bei dem anderen kaum vorhanden ist. Der Selbstschätzungstrieb oder Ich-Anspruch dagegen ist eine Triebkraft, eine ständig wirksame Antriebskraft. Bei jedem Menschen sind sowohl Triebkraft als auch Wesenszug vorhanden, allerdings in einem sehr unterschiedlichen Verhältnis zueinander. Wie dieses Verhältnis das Führungsverhalten beeinflussen kann, zeigen die folgenden Beispiele auf:

An diesen Beispielen wird zudem deutlich, dass die Stärkung des Selbstwertgefühls der Mitarbeiter zwangsläufig zu besseren Leistungen führt. Denn wer seinen Mitarbeitern Erfolgserlebnisse verschafft, ihnen Anerkennung gibt, fördert damit die Arbeitsfreude und den aktiven persönlichen Einsatz. Außerdem löst Freude an der Arbeit neue Erfolgserlebnisse aus. Dieser positive Kreislauf fördert den Aufbau des Selbstwertgefühls und der Persönlichkeit. Umgekehrt lösen Misserfolgserlebnisse, immer wieder bestätigte Ängste und Unsicherheit, Arbeitsunlust und Leistungsrückgang aus, was wiederum neue Misserfolgserlebnisse verursacht.

Das folgende Erlebnis von Jim ist insofern interessant, als es hier um die Abgrenzung von Führungsaufgaben und um Anerkennung von Kompetenz geht, in Unternehmen oft Auslöser für offene oder – oft noch schlimmer – schwelende – Konflikte. In diesem Fall ist der Ärger rasch verpufft!

Der Betrieb drohte zu scheitern: Die Moral war schlecht, die Produktivität war niedrig und der Kundenservice war unzureichend. Ich hatte mich freiwillig gemeldet, um die Leitung zu übernehmen, weil ich dachte, dass meine Management- und Führungser-

fahrung dabei helfen könnten, die Situation zu verbessern. *Das Team war talentiert und fleißig: Ich musste ihnen nur aus dem Weg gehen!* Die kompetente Frau, die ich für die Leitung des Tagesgeschäfts ausgewählt hatte, und ich setzten uns vor der Übernahme durch mich zusammen, um über die Probleme der Abteilung, unsere jeweiligen Rollen und den angestrebten Erfolg zu sprechen.

Wie erwartet war mein erster Arbeitstag überwältigend: Die Arbeitsbelastung war überwältigend, die Probleme komplex und immer wieder gab es »Notfälle«. Um 17:00 Uhr saß ich in meinem Büro und war froh, dass ich überlebt hatte, als die Teamleiterin hereinkam.

Selbstvertrauen und Führungsverhalten

▷ Starkes Selbstvertrauen bei starkem Ich-Anspruch: Anspruchsvoller, von sich selbst überzeugter Mensch von ausgeprägter Wirkungskraft und sogenannten Führungseigenschaften. Wahrscheinlich wenig innere Spannungen. Nach außen in die Welt gerichtete Dynamik des Tuns. Mehr Tat- als Gefühlsmensch. Gefahr: Überheblichkeit.

▷ Schwaches Selbstvertrauen bei schwachem Ich-Anspruch: Ausgesprochen anspruchslos, eher übermäßig bescheiden, Einordnungsbedürfnis, untertänig. Tendenz zu aufopferungsvoller Selbstlosigkeit. Gefahr: Von vitalstarken Naturen leicht auszunutzen oder gar zu missbrauchen.

▷ Starkes Selbstvertrauen bei schwachem Ich-Anspruch: Selbstsicherer Mensch, der gelassen seinen Weg geht, echt, offen und furchtlos, ist unabhängig und sich selbst genug, auch bei ungerechter Kritik wenig empfindlich, ist etwas, statt etwas sein zu wollen. Gefahr: Entwicklung einer unfruchtbaren Selbstzufriedenheit.

▷ Schwaches Selbstvertrauen bei starkem Ich-Anspruch: Minderwertigkeitsgefühl und daraus resultierende Selbsttäuschungen mit dem Bedürfnis, die echte oder vermeintliche Unterlegenheit auszugleichen. Das bewusste Erkennen der Schwächen führt zu Selbstzweifeln, Unsicherheit und Hemmungen. Das unbewusste Erfühlen bewirkt Verdrängen der Unzulänglichkeiten. In jedem Fall: Befangenheit, Verlust an echtem Sachinteresse. Gefahr: Angeberei.

Sie sah so müde aus, wie ich mich fühlte, und sie war wütend. Ohne Umschweife kam sie zur Sache: »Jim, ich bin wütend auf Sie. Sie haben versprochen, dass Sie die alltäglichen operativen Angelegenheiten mir überlassen werden. Aber heute haben Sie zwei Entscheidungen getroffen, die eigentlich ich hätte treffen sollen. Sie haben mich angelogen.«

Mir brach das Herz: Ich hatte gedacht, ich würde ihr helfen, und ich hatte gute Gründe für diese Ausnahmen gehabt. Aber das waren nur Ausreden. Ich atmete tief durch und sah sie an: »Sie haben völlig Recht. Es tut mir leid. Ich habe Ihre Autorität untergraben, und ich habe meine Verpflichtung Ihnen gegenüber nicht erfüllt. Morgen früh bei unserem Teammeeting werde ich mich als Erstes bei Ihnen entschuldigen und bestätigen, dass nur Sie für solche Entscheidungen zuständig sind. Kann ich noch etwas tun, um das wieder in Ordnung zu bringen?«

Sie funkelte mich noch einen Moment an, stand auf und sagte: »Verdammt, Jim, jetzt kann ich nicht mehr böse auf Sie sein.« Sie drehte sich um und verließ kopfschüttelnd den Raum.

Unnötig zu sagen, dass ich so etwas nie wieder getan habe, und sie hat einen phänomenalen Job gemacht.

3 Führungsstil und Führungstechnik

Der richtige Führungsstil

Als Chefs bringen wir oft unseren bevorzugten Stil in unsere Führungsrolle ein. Ich hasse Chefs, die Lösungen vorschlagen und/oder mir sagen, wie ich etwas tun soll. Mein Standardmodus als Führungskraft besteht darin, eine Aufgabe zu delegieren, ohne Lösungen anzubieten oder zu beschreiben, wie etwas zu tun ist. Ich habe dies tausende Male mit großem Erfolg getan – meistens ist die Arbeit besser, als wenn ich sie erledigt hätte. Die meisten Mitarbeiter lieben die Freiheit und Unterstützung, die sie mit dieser Methode erhalten.

Da ich jedoch in einer großen hierarchischen Organisation arbeite, sind einige meiner Mitarbeiter nicht an diesen Führungsstil gewöhnt: Sie wollen einfach nur wissen, was sie tun sollen. Diese Leute sind anfänglich sehr frustriert über meine mangelnde Bereitschaft, es ihnen zu sagen. Sie haben Schwierigkeiten zu glauben, dass ich nicht wütend auf sie sein werde, wenn sie die Arbeit nicht so machen, wie ich es tun würde. Sie dazu zu bringen, mit dieser Methode kleine Schritte zu machen, ist schwierig, und es ist mir wichtig, ein positives Umfeld für ihren Erfolg zu schaffen. Auch habe ich auf die harte Tour gelernt, dass manche Mitarbeiter sich nie an diesen Managementstil anpassen und dass ich bei einigen Menschen eine andere Technik anwenden muss. Alexander wird auf den nächsten Seiten einige Möglichkeiten für einen angepassten Führungsstil vorstellen.

Als ich in der Air Force war, liebte ich meine Arbeit als Fluganalyst: Ich schrieb Berichte, bediente den Funk und koordinierte die Arbeit meiner Kollegen. Die Arbeit passte zu meiner Persönlichkeit, denn sie war manisch, intensiv und unerbittlich. Ich habe jede Sekunde davon geliebt. Ich erwartete, dass jeder wie ich sein würde, und als ich anfing, neue Analytiker auszubilden, behandelte ich sie so, wie ob ich behandelt werden wollte: Lass mich in Ruhe – ich werde meine eigenen Fehler machen und sie korrigieren. Diese Technik funktionierte gut, bis ich versuchte, einen neuen Analytiker auszubilden, der völlig anders war als ich: Er war schüchtern und ruhig und nicht so erfahren wie der Rest von uns.

Das Training beginnt, bevor wir das Flugzeug bekommen. Ich legte einen Datenspeicher mit ihm an und führte ihn durch die Checklisten, Erwartungen und Abläufe. Mir machte das großen Spaß – er hatte Angst! Leider habe ich das nicht bemerkt. Ich war zu sehr damit beschäftigt, zufrieden mit meinen Trainingstechniken zu sein. Ich bemerkte es auch nicht um 3:00 Uhr morgens am nächsten Tag, als wir uns zum Preflight-Briefing trafen. Ich schob ihn immer wieder nach vorne, habe ihn immer wieder gebeten, die Führung zu übernehmen. Er zog sich immer wieder zurück – und ich merkte es immer noch nicht.

Als fliegender Analyst gibt es nichts Besseres, als auf dem Analystenplatz zu sitzen, mit dem Funk zu spielen, Informationen zu sammeln und Berichte zu schreiben. Deshalb habe ich natürlich meinen armen Trainee in dem Moment, als wir in der Luft waren, auf diesem Stuhl sitzen lassen. Nach der Hälfte unseres zwölfstündigen Flugs war er ein nervliches Wrack. Und ich bemerkte endlich, dass etwas nicht stimmte – aber natürlich war es viel zu spät. Ich ließ ihn mich den Rest des Fluges beobachten, was ihm gefiel. Aber meine Unfähigkeit, seine Qualen zu bemerken, und meine Unfähigkeit, das Training an seine Bedürfnisse anzupassen, führten dazu, dass ich seinen Trainingsplan deutlich verlangsamt habe. In der Tat verdoppelte sich die Zeit, die wir brauchten, um ihn zu trainieren, weil es mir nicht gelungen war, das Training von Beginn an, an die Bedürfnisse eines Schülers anzupassen.

Was Jim hier als seinen Lernprozess als Ausbilder beschreibt, zeigt, wie problematisch es ist, wenn eine Führungskraft von sich auf andere schließt, statt die Zeichen zu erkennen, die das Gegenüber, in diesem Fall ein Trainee, setzt.

Führen heißt prinzipiell, die besonderen Arbeitsverhältnisse und Arbeitssituationen in ihrer Bedeutung zu erfassen und sie dem Führungsstil entsprechend selbstständig zu gestalten. Weil immer Menschen daran beteiligt und davon betroffen sind, ist Führen zu einem wesentlichen Teil Menschenführung und damit Motivation.

Der Wandel des Führungsstils in unserer Zeit ist offensichtlich. Er ist die zwingende Folge der steigenden Spezialisierung und des ständigen Ansteigens von Bildungsniveau und Selbstachtung des Einzelnen. Durch die Globalisierung und die zunehmende Vernetzung aus verschiedenen Kontinenten und Kulturen entsteht auch der Anspruch an die Führungskraft, sich auf den multikulturellen Wandel einzustellen. Beispielsweise wird sich ein in Deutschland sozialisierter Manager zunächst schwertun, in Indien auf ein völlig unterschiedliches kulturelles Klima und Gesellschaftssystem mit seiner Einteilung in Kasten zu treffen. Ein moderner Leader muss aber auch dort führen können (siehe Kasten S. 64f.).

Generell ist also die optimale Führung weder autoritär noch lasch noch immer kooperativ, sondern so flexibel, dass sie je nach Situation und Anforderung auf die Sache, das Ziel und die Mitarbeiter zugeschnitten ist. Dieser Anspruch erfordert ein hohes Maß an Beweglichkeit von der Führungskraft.

Probleme und Lösungen in der Mitarbeiterführung

Delegations- und Motivationsproblem: Verantwortung übertragen

Delegations- und Motivationsprobleme gehören zu den häufigsten Herausforderungen besonders jüngerer Führungskräfte, die noch über wenig Führungserfahrung verfügen und für die es noch ungewohnt ist, etwas »abzugeben«. Information ist Macht. Verantwortung ist Macht. Wer sich jedoch nicht davon trennen kann, indem er Informationen für sich allein beansprucht und Verantwortung nicht delegieren kann, ist unfähig zu führen. Die richtige Information zur richtigen Zeit kann das Verständnis und die Arbeitsfreude in ungeahnter Weise beleben. Führungskräfte, die ihre Mitarbeiter auf dem Laufenden halten, lassen sie ihre Wichtigkeit spüren, machen sie zu einem bedeutenden Glied in der Unternehmenskette.

Tüchtige Mitarbeiter wollen Verantwortung tragen.

Noch wichtiger ist es, Verantwortung so weitgehend wie möglich nach unten weiterzugeben, und sei sie noch so klein. Verantwortung signalisiert: »Auf mich kommt es an!« Dabei ist es wichtig, Aufgaben zu übertragen, die nicht als Last, sondern als Bestätigungsmöglichkeit des eigenen Werts empfunden werden. Tüchtige Mitarbeiter wollen Verantwortung tragen. Wird sie ihnen verweigert, werden sie zutiefst unzufrieden. Allerdings ist Verantwortung ohne entsprechende Befugnis nur Augenauswischerei und damit eine Konfliktquelle. Füh-

Führungsstile

Laissez-faire-Führungsstil

Grundprinzip: Der Vorgesetzte verzichtet auf Eingriffe in die Arbeitsabläufe. Die Mitarbeiter handeln eigenständig und kontrollieren sich selbst innerhalb des Teams.

Der Vorteil: Eigenständiges Arbeiten wird gefördert; eigenes soziales Gefüge.

Die Nachteile: Gefahr von mangelnder Disziplin. Ohne jegliches Feedback zur eigenen Arbeit nimmt die Motivation schnell ab. Dies führt häufig zum schleichenden Verlust von Eigeninitiative. Es wird nur das Nötigste gemacht, denn alles, was darüber hinausgeht, wird nicht »belohnt«. Mitarbeitern droht »Burnout«-Syndrom.

Kooperativer Führungsstil

Grundprinzip: Der Vorgesetzte arbeitet eng mit dem Mitarbeiter zusammen. Kompetenzen ergänzen sich, Kreativität wird freigesetzt.

Die Vorteile: Durch die offene Kommunikation sind Verantwortungs- und Leistungsbereitschaft sehr hoch. Alle sitzen »in einem Boot«. Die Mitwirkung aller Beteiligten am Erfolg schafft Motivation. Die Führungskraft wird durch die Übernahme von Verantwortlichkeiten entlastet und kann sich wichtigeren Aufgaben widmen.

Die Nachteile: Die Konsensbildung innerhalb des Teams kann viel Zeit in Anspruch nehmen. Die Konkurrenz der Mitarbeiter untereinander kann zu Problemen führen.

Patriarchalischer Führungsstil

Grundprinzip: Der Vorgesetzte zieht seine Legitimation aus der Erfahrung und seinem Führungsstatus. Er übt die alleinige Machtfülle weitestgehend mit Güte und Wohlwollen aus.

Die Vorteile: Der Vorgesetzte kann durch sein Vorbild Mitarbeiter inspirieren und deren Mentor sein.

Die Nachteile: Die Abhängigkeit von einer einzigen zentralen Person kann negativ für das Unternehmen sein. Fehler des Vorgesetzten wirken sich ungleich schwerer auf Unternehmen und Mitarbeiter aus.

Autoritärer Führungsstil

Grundprinzip: Der Vorgesetzte hält alle Fäden in der Hand. Der Untergebene gehorcht; Fehlleistungen werden bestraft. Motivation und innovativer
Einsatz der Mitarbeiter spielen keine Rolle.

Der Vorteil: Alleinentscheidungsgewalt für die Führungsperson.

Die Nachteile: Alle Informationen bündeln sich bei der Führungskraft,
Regeln und Anweisungen bestimmen die Arbeitsabläufe, Distanz zwischen
der Führungs- und der Mitarbeiterebene, die Bedürfnisse der Mitarbeiter
spielen kaum eine Rolle, Aufgaben werden ohne Diskussion delegiert, kein
Raum für Eigeninitiative.

Bürokratischer Führungsstil

Grundprinzip: Vorschriften, Gesetze und unabänderliche bürokratische
Strukturen regeln den Arbeitsablauf unabhängig von Personen.

Der Vorteil: Bei erhöhtem Arbeitsanfall weiß jeder, was zu tun ist.

Die Nachteile: Notwendige Veränderungen oder schnelles, flexibles Reagieren sind durch die starren Regelungen so gut wie unmöglich.

Charismatischer Führungsstil

Grundprinzip: Dieser Führungsstil beruht auf der Ausstrahlungskraft, dem
Charisma des Vorgesetzten, der die unumschränkte Leitfigur für seine Mitarbeiter ist

Die Vorteile: Der Führende kann durch sein Charisma ein Vorbild und Motivator für seine Untergebenen sein.

Die Nachteile: Die Beziehung zwischen dem Vorgesetzten und seinen Mitarbeiter ist eher einseitig. Ist der Charismatiker zu stark auf sich selbst
fixiert, können keine starken Führungskräfte nachwachsen.

Situativer Führungsstil

Grundprinzip: Jeder Mitarbeiter wird nach seinem jeweiligen Reifegrad geführt.

Der Vorteil: Die Fähigkeiten der Mitarbeiter werden je nach Anforderung
umfassend genutzt und erweitert.

Der Nachteil: Der Zeitaufwand ist zunächst größer.

rungskräfte sollten die Grenzen von Verantwortung genau festlegen und alle mittelbar und unmittelbar Betroffenen davon unterrichten.

Wer seine Mitarbeiter an Entscheidungen beteiligt und sie um ihre Meinung oder einen Rat bittet, zeigt Vertrauen und baut gleichzeitig Vertrauen auf.

Mitarbeiter, die mitdenken dürfen, können auch mithandeln. Der Chef, der glaubt, jede Kleinigkeit nur selbst erledigen zu können oder nach einem Urlaub oder anderen Abwesenheitsgründen einen »Saustall« vorfindet, erweist damit seine Unfähigkeit als Führungskraft.

Wer seine Mitarbeiter an Entscheidungen beteiligt und sie um ihre Meinung oder einen Rat bittet, zeigt Vertrauen und baut gleichzeitig Vertrauen auf. Man vertraut nur dem, der Vertrauen gibt.

So schaffte es Jim, eine Projektleiterin für ein komplexes Vorhaben zu gewinnen – die sich schon im Vorfeld geweigert hatte, den Job zu machen –, indem er andere um Rat fragte, wer die geeignetste Person wäre, und dieser dann gute Gründe lieferte, warum sie die Aufgabe trotz anfänglicher Widerstände doch übernehmen sollte.

Wir wussten, es würde kommen, aber als es dann endlich so weit war und wir ein Callcenter installiert hatten, um auf Anrufer zu reagieren, die Fragen zu Visa hatten, waren wir alles andere als glücklich. Wir waren begeistert von der Idee, aber wir waren nicht zufrieden mit den Möglichkeiten, die uns das Ministerium aufzwang. Sie wollten, dass wir einen allgemeinen Ansatz verfolgten; wir wollten ein System, das unsere Effizienz und unseren Kundenservice deutlich verbesserte. Wir hatten ein Jahr lang darum gekämpft, und das Ministerium widersetzte sich immer noch unseren brillanten Ideen.

Als der Zeitpunkt der Umsetzung näher rückte und wir schließlich ein konkretes Datum erhielten, musste ich einen Projektleiter finden und ein Team für alle fünf indischen Stellen aufbauen, da wir darauf bestanden, das neue System in ganz Indien zum selben Zeitpunkt einzuführen.

Ich bat die fünf leitenden Beamten, die die Operationen durchgeführt hatten, Projektleiter zu empfehlen, und ich bat um Freiwillige für die anderen Rollen. Wir hatten viele Freiwillige und unser Interesse war, sicherzustellen, dass wir alles richtig machten, denn das würde sich jahrelang auf unsere Arbeit auswirken.

Als ich die Empfehlungen für die Projektleitung überprüfte, sah ich eine Gruppe talentierter Mitarbeiter, aber keiner von ihnen fiel besonders auf. Ich war besorgt über die mangelnde Erfahrung bei der Umsetzung eines Projekts dieser Größenordnung und den Mangel an IT-bezogenen Erfahrungen, da viel IT in das Vorhaben involviert war. Jedem der empfohlenen Mitarbeiter fehlte etwas, und ich musste Zeit damit verbringen, das zu trainieren und zu betreuen, wen auch immer ich auswählte. Ich wusste, dass ich dafür keine Zeit hätte. In unserem wöchentlichen Meeting mit den Leitern jedes Postens überprüfte ich die Namen, die sie eingereicht hatten, und sprach die Vor- und Nachteile jedes Bewerbers durch. Ich fragte auch, ob es noch jemanden gäbe, von dem sie dachten, dass er geeignet wäre.

Einer der leitenden Beamten sagte, er hätte eine viel bessere Kandidatin identifiziert, nämlich Sara. Aber sie wäre zu jung und sie wollte es nicht machen, weil sie mehrere ähnliche Projekte im privaten Sektor durchgeführt hatte. Und sie wollte das bei uns nicht schon wieder machen. Nun gut.

Je mehr ich darüber nachdachte, desto klarer wurde es, dass sie die beste Wahl war: Die richtige Erfahrung, das richtige Temperament und die Wahl ihrer Person würden eine kraftvolle Botschaft hinsichtlich der Wahl der fähigsten Person, nicht der Person mit dem richtigen Rang aussenden. Ich unterhielt mich mit der Vorgesetzten von Sara und sie meinte, Sara sei unnachgiebig, sie wolle diesen Job nicht machen. Ich fragte, ob ich mit ihr reden könnte, sie gab mir die Erlaubnis und ich rief Sara an.

»Hallo Sara, danke, dass Sie sich die Zeit genommen haben, meinen Anruf anzunehmen. Ich weiß, wie beschäftigt Sie sind. Sie wissen, dass ich Sie anrufe, um Sie zu bitten, das Projektteam zu leiten, um unsere neuen Callcenter zu implementieren. Ich weiß, dass Sie nicht interessiert sind, und ich denke, ich verstehe warum, aber können Sie es mir noch mal erklären?«

»Sicher, Jim. Im Grunde kommt es darauf an, dass ich nicht Diplomatin geworden bin, um die gleiche Arbeit wie in der Privatwirtschaft zu machen. Ich habe ähnliche Dinge schon vorher gemacht und ich denke, es ist an der Zeit, es jemand anderem zu überlassen.«

Wir diskutierten ihre Qualifikationen ein wenig und ich legte dar, warum ich dachte, sie wäre eine ideale Kandidatin. Schließlich sagte sie: »Ich verstehe es, Jim, aber ich bin einfach nicht interessiert.«

»Okay. Dann helfen Sie mir aus meinem Dilemma. Hier ist die Liste der Leute, die für den Job empfohlen wurden: Shelly, Tom, Jack, Bob und Mary. Sie kennen sie alle.

Wen würden Sie auswählen?«

Nach ein paar Fragen und ein wenig Hin und Her wählte sie Jack aus.

»Keine Frage, er ist der Beste auf dieser Liste. Aber glauben Sie wirklich, er könnte diesen Job machen? Hat er die Fähigkeiten und den Hintergrund dafür? Wie stehts um sein Temperament? Sie wissen, wenn er den Job bekommt, werden Sie in seinem Team sein. Glauben Sie wirklich, dass er die beste Wahl ist?«

Es folgte eine lange Pause. Sie setzte ein paarmal zu einer Antwort an. Dann sagte sie: »Okay, gut. Ich werde es tun. Ich werde das Projekt leiten. Aber hier ist, was ich brauche.« Sie zählte eine Reihe von Dingen auf, denen ich gerne zustimmte.

Meine Chefs in der Botschaft und im Hauptquartier waren schockiert, dass ich eine unserer jüngeren Kräfte für dieses Multimillionen-Dollar-Projekt ausgewählt hatte. Sie waren nicht glücklich, aber ich machte deutlich, dass sie meine Wahl war. Und sie machten deutlich, dass ich immer noch dafür verantwortlich war, das Projekt pünktlich und unter Einhaltung des Budgets hinzubekommen. Fein.

Sara war fantastisch. Sie leitete das Projekt, sie leitete das Team und koordinierte sich mit Ansprechpartnern und der Abteilung. Natürlich stießen wir auf unerwartete Schwierigkeiten und Probleme, aber wir haben sie bewältigt. Meine einzigen Aufgaben waren, meine Chefs über die Fortschritte zu informieren und sicherzustellen, dass Sara die Ressourcen hatte, die sie brauchte. Wir haben alle Fristen eingehalten. Sara war so beeindruckend, dass die Abteilung sogar unsere Wunschliste für alles, was wir brauchten, genehmigte. Als wir schließlich live gingen, traten nur kleine Probleme auf, die wir leicht lösen konnten. Vom ersten Tag an steigerte das neue System unsere Produktivität und unseren Kundenservice erheblich.

Zum Abschluss des Ganzen erhielt Sara eine prestigeträchtige Auszeichnung und wurde befördert. Sie war sehr zufrieden.

Kommunikationsproblem: Überzeugen im Gespräch

Konflikte und Spannungen sind ein Teil der menschlichen Natur. Kompromissbereitschaft ist zur Klärung und letztendlich zur Erhaltung des Betriebsfriedens ebenso erforderlich wie die Einsicht, dass Nachgeben keine Schwäche ist, sondern eine Notwendigkeit für ein Zusammenleben und Zusammenarbeiten. Führungskräfte, die sich einzig auf Grund ihrer Machtposition durchsetzen wollen, lassen Sozialkompetenz und Achtung vor der Würde des anderen vermissen. Viele Führungskräfte sind jedoch der Meinung, dass es ihnen als

Führungsschwäche ausgelegt werden könnte und sie an Macht und Einfluss verlieren, wenn sie bei Konflikten nicht die Ellbogen einsetzen.

Nur überzeugende Gespräche miteinander können bei Spannungen die Atmosphäre entgiften. Dabei sollte das persönliche Geltungsbedürfnis unbedingt zurückgestellt werden. Es kommt aufs Ganze an, auf die Sache, den Betriebsfrieden, nicht auf Recht haben um jeden Preis.

Für eine Aussprache mit Mitarbeitern sollte der Konflikt schon bei der Atmosphäre entschärft werden. Der Chef, der den Mitarbeiter über den Schreibtisch hinweg anfaucht oder scheinbar lässig am Türrahmen steht, schafft eine ungleiche Ebene. Deshalb sollte das Mitarbeitergespräch in einem geschlossenen Raum und im Sitzen geführt werden. Dabei sollte dafür gesorgt werden, dass keine Störung stattfindet. Die gleiche (Sitz-)Ebene und die störungsfreie Atmosphäre geben dem Mitarbeiter oder den betroffenen Mitarbeitern das Gefühl, wirklich ernst genommen zu werden.

Nur wer versucht, sich in das Problem des anderen einzufühlen, kann auch an einer möglichen Lösung mitwirken.

Im Gespräch muss der Vorgesetzte darauf achten, dass jeder Beteiligte – er eingeschlossen – ausreden, auch Dampf ablassen, sich sein Problem von der Seele reden kann – und ihm dabei zugehört wird. Dabei sollte so viel Zeit wie nötig zur Verfügung stehen, damit niemand überfordert oder unter Druck gesetzt wird.

Nur wer versucht, sich in das Problem des anderen einzufühlen, kann auch an einer möglichen Lösung mitwirken. Deshalb sollte man während des Gesprächs immer wieder durchdenken, was der andere sagt, und sich mit ihm und seinem Standpunkt identifizieren.

Wer sich in seinem Selbstbild und Selbstwertgefühl angegriffen fühlt, reagiert abwehrend, zieht sich beleidigt und enttäuscht zurück oder wird sogar aggressiv. Deshalb sollte man dem anderen immer das Gefühl vermitteln, ihn menschlich ernst zu nehmen, und sich nicht über ihn erheben. Persönliche Spannungen oder gar Bösartigkeiten bei sachlichen Meinungsverschiedenheiten lassen sich vermeiden, wenn man dem Gesprächspartner deutlich zeigt, dass man ihn grundsätzlich in seiner Person respektiert und seine Überlegungen als persönliche Standpunkte prinzipiell anerkennt.

Selbst bei noch so großen Konflikten gibt es in jedem Unternehmen eine Gemeinsamkeit, die für alle gilt: Alle dienen dem Unternehmen und sind für den Erfolg mitverantwortlich.

Mit Geduld und Fingerspitzengefühl sollte schließlich Schritt für Schritt versucht werden, einen Konsens herzustellen. Ziel ist die Annäherung. Das kann schon dadurch bestehen, dass Gemeinsamkeiten, die auch bei größeren Spannungen bestehen, in den Vordergrund gerückt werden. Je mehr vom Trennenden gesprochen wird, umso wichtiger wird es. Selbst bei noch so großen Konflikten gibt es in jedem Unternehmen eine Gemeinsamkeit, die für alle gilt: Alle dienen dem Unternehmen und sind für den Erfolg mitverantwortlich. Eine wirkungsvolle Methode zum suggestiven Hinführen auf gemeinsame Ebenen ist die Fragetechnik, wie Sie im nachfolgenden Punkt »Informationsproblem« dargestellt wird.

Wenig Sinn ergibt die oft geäußerte Bitte um Sachlichkeit. Dabei wird der emotionale Aspekt, der in menschlichen Beziehungen und besonders in Konfliktsituationen, wenn persönliche Verletzungen hinzugekommen, außer Acht gelassen. Jedes noch so sachlich erscheinende Problem hat immer auch eine persönliche und damit eine menschliche, emotionale Seite. In Wahrheit geht es oft sogar ausschließlich darum. Deutlich wird dieses Problem, wenn eine Reaktion bewertend wird statt konkret beschrieben. Zu sagen »Jetzt seien Sie mal nicht so beleidigt!«, zielt auf die emotionale Betroffenheit. Deshalb sollten Reaktionen, die das Verhalten bewerten, unbedingt vermieden werden, um Gräben nicht noch weiter zu vertiefen.

Zusammenarbeit funktioniert nur, wenn etwas zusammen geht. Dazu muss jeder etwas beitragen und etwas bekommen, um etwas davon zu haben. Das gilt auch für den Vorgesetzten. Er hat dabei die Aufgabe, zu kommunizieren, dass gegenseitiges Vertrauen die gemeinsame Basis ist. Ohne Vertrauen ist auch keine vertrauensvolle Kommunikation, kein wirklich offenes Gespräch möglich.

Jim hat es gern in aller Kürze, ohne Umschweife, auf den Punkt. So hat er es in der Ausbildung zum Luftanalysten gelernt und das wendet er bis heute an. Wer ihn kennt, weiß Bescheid. Und wer längere Ausführungen plant, sollte sich einen Termin geben lassen!

»Spuck's aus!« Oh, wie liebte ich es, diesen Befehl zu geben. Ich habe ihn von einem meiner Ausbilder gelernt, der mir beigebracht hat, wie man ein Luftanalyst wird, als ich in der Luftwaffe diente. Es war ein perfekter Job für mich: chaotisch, hoch energetisch und interessant. Eine der Hauptaufgaben des Analysten bestand darin, Informationen von Kollegen zu sammeln, eine Zusammenfassung dieser Informationen zu erstellen, sie zu klären und sie schließlich an eine Bodenstation zu übermitteln. All das musste getan werden, während viele andere Dinge überwacht wurden, und es musste schnell gehen! Und es wurde alles über eine Funksprechanlage gemacht, während die andere Person eifrig arbeitete.

Der Analyst würde üblicherweise über die Funksprechanlage die Person mit Informationen rufen und fragen: »Was ist los? Sag mir, was passiert.« *Was ganz gut funktioniert, aber die Dringlichkeit und Lebendigkeit von* »Spuck's aus!« *vermissen lässt.* »Spuck's aus!« *bedeutet:* »Gib mir die fünf Ws und geh aus der Sprechanlage, damit ich arbeiten kann! Sag mir wer, was, wo, wann und warum und vielleicht wie. Nicht um den heißen Brei herumreden! Sag mir, was ich wissen muss, und geh mir aus dem Weg.« *Ich liebe dieses Bild, diesen Informationsblock so schnell und sauber wie möglich herauszubekommen, ohne dass ich nachfragen muss.*

»Spuck's aus!«

»Zwei unbekannte junge Männer, die einem betrunkenen Mann im 600er-Häuserblock auf der Main Street folgen. Wir müssen eine Streife hinschicken.«

»Kopieren. Zwei nicht identifizierte junge Männer, die einem betrunkenen Mann im 600er-Block der Main Street folgen. Wir müssen eine Streife schicken. Out.« Ich hatte alles, was ich wissen musste, ich musste keine Nachfragen stellen. Ich konnte einen Entwurf erstellen und sofort einen Bericht absenden. Dann konnte ich mit der nächsten Aufgabe beginnen.

Ich habe diese Kommunikationsmethode sicherlich verinnerlicht, und ich warne meine Mitarbeiter, dass dies mein bevorzugter Stil ist: Sag mir, was ich wissen muss, und verlasse mein Büro.

»Spuck's aus!« Das kann ein sehr gefährlicher Stil sein, weil das Personal eingeschüchtert werden kann und du denkst, dass du etwas weißt, während du es aber gleichzeitig nicht tust. Ich warne meine Mitarbeiter, um sicherzustellen, dass ich verstehe, was sie sagen, und dass es immer in Ordnung ist zu sagen: »Jim, langsamer! Du verpasst den Punkt.« *Ich sage ihnen auch, wenn sie mehr Zeit mit mir brauchen, sollten sie einen Termin vereinbaren und klarstellen, dass ich darauf vorbereitet sein muss,*

eine längere Geschichte anzuhören. Da dies nicht mein bevorzugter Stil ist, möchte ich sicherstellen, dass ich geistig auf ein längeres Gespräch vorbereitet bin. Mein Personal sagt mir immer, ich hätte ADHS. Ich denke, das ist falsch, aber ich bin ungeduldig, wenn es darum geht, Informationen rauszufiltern und Leuten zuzuhören, die endlos weitermachen. Einer der Schlüssel zum Erfolg bei dieser Idee ist es, sicherzustellen, dass ich während jeder Konversation voll präsent bin. Wenn jemand mit mir spricht, höre ich mit allem auf, was ich tue, und schenke der Person 100 Prozent Aufmerksamkeit. Ich schaue auf ihre Körpersprache, ich höre ihren Worten zu, ich frage mich innerlich, was ich vermisse, und dann achte ich wieder darauf, zuzuhören.

Informationsproblem: Führen mit Fragen

Wer fragt, bekommt Antworten und damit Informationen.

Wer Fragen stellt, baut eine Dialogsituation zu seinem Gegenüber auf, »führt« das Gespräch und erreicht sein Ziel. Fragetechnik gehört deshalb zum Handwerkszeug jeder guten Führungskraft. Fragen heißt führen, denn Fragen ist die einzig wirkliche Möglichkeit, etwas zu erfahren – und ist damit Voraussetzung für einen positiven Umgang mit Mitarbeitern, Vorgesetzten, Kunden und Grundlage für dauerhaften Erfolg. Die Beherrschung der Fragetechnik ist die Grundausstattung jeder Führungspersönlichkeit und ein absolutes Muss für erfolgreiche Kommunikation.

Fragen heißt führen, denn Fragen ist die einzig wirkliche Möglichkeit, etwas zu erfahren.

Wer sein Gegenüber motivieren will, ganz gleich wozu, braucht dessen Vertrauen und Sympathie, will er die gewünschten Informationen oder Leistungen erhalten. Sympathie wird am besten mit Fragen hergestellt, die den Gesprächspartner aufwerten und die er gern beantwortet. Fast alle Menschen schätzen es, wenn der andere Interesse an seiner Person, an seinem persönlichen Umfeld mit Fragen äußert. Führungskräfte, die ihre Mitarbeiter durch Fragen so weit aktivieren, dass sie bereitwillig Informationen geben, können jedes Gespräch in die gewünschte Richtung lenken.

Fragetechniken

Ein Gesprächsaufbau kann durch folgende Fragetechniken erreicht werden: Informationsfrage: die klassische offene Frage, die eine präzise – und nur diese eine – Antwort nach sich zieht (»Wo wohnen Sie?« »Welchen Wagen fahren Sie?«). Mit dieser Frage wird eine konkrete Information mit einem unmittelbaren informellen Nutzwert angestrebt.

Richtungs- oder Suggestivfrage: Diese Frage lenkt den Gesprächspartner in eine bestimmte Richtung. Der Fragende verfolgt damit eine Absicht. Er will nicht eine gültige »Wahrheit« hören wie bei der Informationsfrage, sondern den Gesprächspartner lenken, führen (»Haben Sie schon einmal überlegt, ob ...?«, »Könnten Sie sich auch vorstellen, in einer anderen Abteilung ...?«) Auch wenn die Antwort nicht nach Wunsch ausfällt – das Ziel, die Richtung ist bereits im Visier und kann durch suggestives Nachfragen weiterverfolgt werden.

Alternativfrage: Der Gesprächspartner bekommt eine positive Alternative in einem Gespräch angeboten, etwas, was ihm die Entscheidung, die Wahl überlässt (»Was halten Sie davon, wenn wir morgen noch einmal darüber sprechen?«, »Wäre Ihnen ein toller Dienstwagen nicht lieber als ein höheres Gehalt?«), ohne dass er sich in die Enge getrieben fühlt.

Reflektierende Frage: Wenn man die Aussagen des Gegenübers aufnimmt und interpretierend beziehungsweise präzisierend wiederholt, kann dadurch ein Überdenken und sogar ein Revidieren der Meinung des anderen erreicht werden (»Habe ich Sie richtig verstanden, dass Sie mit Herrn Müller nach Ihrem Streit jetzt nicht mehr zusammenarbeiten möchten?«). Mit der reflektierenden Frage lässt sich zudem Zeit gewinnen: Während der Gesprächspartner seine Überzeugung wiederholt, abschwächt oder revidiert, kann eine Neuorientierung oder Fortführung des Gesprächs geplant werden.

Meinungsfrage: Der Frage »Wie meinen Sie das?« folgt in der Regel eine Präzisierung der letzten Antwort, die für die weitere Argumentation wichtig sein kann. Die Meinungsfrage dient nicht nur der Kontrolle, ob die empfangenen

Informationen richtig verstanden wurden – sie macht auch deutlich, ob beim Gegenüber noch Aufmerksamkeit und Interesse vorhanden sind.

Bestätigungsfrage: »Meinen Sie nicht, dass ...« ist ebenso wie die Meinungsfrage eine Kontrollfrage, ob der Gesprächspartner noch voll und ganz bei der Sache ist oder bereits abgeschaltet hat. Dann muss durch eine entsprechende Informations- oder Suggestivfrage das nachlassende Interesse wieder aktiviert werden.

Sympathie wird am besten mit Fragen hergestellt, die den Gesprächspartner aufwerten und die er gern beantwortet.

Den höchsten Informationswert haben sogenannte W-Fragen, also offene Fragen, die mit Was, Wie, Wo, Wer, Wann oder Warum beginnen und nie nur mit einem Ja oder einem Nein abgeschlossen (geschlossene Fragen) sind. Denn wer durch Fragen ein Gespräch steuern möchte, muss ein Gespräch in Gang bringen. Ein Ja oder Nein ist dagegen eine abgeschlossene Information, die einen Dialogfluss zumindest vorübergehend beendet. Wer aber nach dem Wie fragt (»Wie denken Sie darüber?«), leitet einen Dialog ein, beginnt und lenkt ein Gespräch zielgerichtet. Insbesondere die Wie-Frage wertet den Gesprächspartner auf, zeigt sie doch Interesse an seinen Gedanken, signalisiert: »Ich nehme dich, dein Problem, deine Meinung ernst.«

Mit Einfühlungsvermögen und Taktgefühl können Führungskräfte ihre Mitarbeiter mithilfe der Fragetechnik im Gespräch suggestiv lenken, wertvolle Informationen bekommen und Konflikte lösen. Doch wer fragt, muss Raum für Antworten lassen. Die Fähigkeit zuzuhören und das Wesentliche aus den Antworten herauszufiltern ist eng verknüpft mit dem Beherrschen der Fragetechnik. Auch Fragen können ein Monolog sein, obwohl sie den Dialog eröffnen sollten, auch mit Fragen kann man seinen Gegner mundtot machen. Wichtig: Fragen sind lediglich ein Mittel, um Antworten zu bekommen, aber nicht das Ziel selbst. Denn nur die Antworten bringen den Fragenden ans Ziel.

Was Fragen angeht, hat Jim aufgrund seiner Tätigkeit einen ganz speziellen Erfahrungshintergrund. Die Gespräche mit Bewerbern für Visa zur Einreise in die USA werden mit einer sehr effizienten Fragetechnik geführt, die in der Regel eine sehr schnelle Entscheidung ermöglicht. Aber es gibt immer wieder Fälle, die nicht so eindeutig sind. Stichwort – und Risiko! – »Einsortierung in eine falsche Kategorie«. Daraus lässt sich für jeden von uns etwas lernen!

Eine der Hauptaufgaben des Bureau of Consular Affairs ist die Entscheidung über Visa für Personen, die den USA einen Besuch abstatten, dort leben oder arbeiten möchten. Unsere Interviewer erhalten ein spezielles Training zu Gesetzen, Vorschriften und Interviewtechniken, bevor sie Bewerberbefragungen durchführen. Sie erhalten zusätzliche Ausbildungseinheiten, wenn sie zu ihrer ersten Aufgabe kommen. Dieses Training ist wichtig, da die Interviewer im Durchschnitt etwa zwei Minuten Zeit haben, eine Entscheidung zu treffen. Die meisten dieser Entscheidungen sind einfach und wir treffen sie konsequent und schnell. Einige Fälle sind jedoch komplexer oder anders, als sie zuerst erscheinen.

Eine der schwierigsten Aufgaben für Interviewer besteht darin, »die nächste Frage« zu stellen. Die Interviewer sollen lernen, sich auf den Bewerber und nicht auf den Papierkram zu konzentrieren und seine Antworten zu hören und sich mit dem Bewerber zu beschäftigen. Die meisten Fälle sind einfach: Sie passen zu bestimmten Parametern und sind einfach zu beurteilen. Eine kleine Minderheit von Fällen benötigt jedoch mehr Zeit oder scheint eine Sache zu sein, während sie in Wirklichkeit eine andere sind. Die besten Interviewer erkennen diese Fälle und verlangsamen die Befragung, um sicherzustellen, dass sie nichts übersehen – sie lernen, sich voll auf den Bewerber einzustellen und die nächste Frage zu stellen.

Zum Beispiel könnte ein Bewerber, der ein Geschäftsvisum beantragt, ein legitimer Geschäftsmann sein, aber der Interviewer könnte etwas Ungewöhnliches an seinem Verhalten bemerken und würde mehr Zeit damit verbringen, herauszufinden, was in dem Fall anders ist. Oft ist nichts falsch, der Fall ist nur ein Ausreißer und leicht zu beurteilen. In anderen Fällen ist jedoch etwas grundlegend falsch an der Bewerbung (z. B. Betrug oder Fehlverhalten) und die zusätzliche Zeit, die für den Fall aufgewendet wird, verhindert eine illegale Aktivität.

Auf der anderen Seite könnte sich ein Bewerber vielleicht als ein völlig unqualifizierter Antragsteller darstellen: Er scheint nicht genug Geld zu verdienen für einen Aufenthalt in die USA. In den meisten Fällen ist das anfängliche Urteil korrekt und einige Interviewfragen bringen die Übereinstimmung mit dieser Ansicht zutage. Aber manchmal trügt der Schein, und wenn ein Interviewer nicht aufpasst, könnte er einem der reichsten Menschen eines Landes das Visum verweigern!

In der Tat liegt es in beinahe jedem Fall, in dem eine falsche Entscheidung getroffen wurde, daran, dass der befragende Beamte die Bewerber in die falsche Kategorie einsortierte und als die »nächste Frage« nicht die entscheidende Frage stellte, die sicherstellte, dass die Entscheidung richtig war.

Autoritätsproblem: Klare Anweisungen erteilen

Der Mensch sucht Klarheit, Führung und Halt, er will wissen, woran er ist, wer ihm unterstellt, wer ihm vorgesetzt ist, wie er sich weiterbilden kann, was sein Vorgesetzter von ihm hält ... Er braucht Sicherheit und ein gewisses Maß an Geborgenheit, um seine Arbeit voller Vertrauen ausüben zu können. Dazu gehört, dass er über die Einzelheiten seines Arbeitsverhältnisses und seinen exakten Verantwortungsbereich mit den entsprechenden Befugnissen genau informiert ist. Klare Verhältnisse bedeuten auch klare Anweisungen.

Bei Vertrauen in die Führung werden auch unpopuläre Entscheidungen akzeptiert.

»Weiche« Vorgesetzte bewirken oft nur Unzufriedenheit. Mitarbeiter wachsen nur an den aufrechten Führungskräften mit klarer Linie, die unmissverständliche Anweisungen geben, mit allem, was für die Durchführung wirklich wichtig ist, aber auch mit genügend Spielraum für die Mitarbeiter. Bei Vertrauen in die Führung werden auch unpopuläre Entscheidungen akzeptiert. Oder umgekehrt: Fehlt das Vertrauen in die Führung, werden auch die bestgemeinten Entscheidungen innerlich abgelehnt. Die echte Autorität ist nicht die der lauten Befehle, sondern die der ruhigen und sicheren Entscheidungen, die unter Mitwirkung der Betroffenen zustande gekommen sind und deshalb für jeden Mitarbeiter nachvollziehbar sind und akzeptiert werden können, weil Sinn und Nutzen offenliegen.

Zur Klarheit in der Führung gehören auch Kontrollen. Aber auch hier gilt es, so weit wie möglich klare Richtlinien festzulegen. Die Maßstäbe, die der Vorgesetzte für die Kontrolle seiner Mitarbeiter anlegt, müssen eindeutig, allgemein bekannt und für alle Mitarbeiter gültig sein. Entweder sie gelten für alle oder für keinen. Niemals sollte die Person, also die Verhaltensweise, sondern immer nur die Sache, die Ergebnisse, kontrolliert werden. Dabei sollten Fremdkontrollen möglichst durch Eigenkontrollmaßnahmen ersetzt werden. Auch über mögliche Folgen bei festgestellten Mängeln muss jeder Mitarbeiter informiert sein. Und: Werden Strafen angedroht, müssen sie auch verwirklicht werden. Nichts ist für die Autorität des Vorgesetzten schädlicher als Inkonsequenz gegenüber den Mitarbeitern.

Zur Klarheit in der Führung gehören auch Kontrollen.

Autoritätsverlust ist auch die Folge, wenn die Mitarbeiter nicht wissen, was der Chef wirklich kann, oder offensichtliche fachliche Mängel erkennen, die der Vorgesetzte vielleicht noch durch Rechthaberei und Ausreden überspielen möchte. Auch explosives Verhalten, allzu viel Vertraulichkeit und Distanzlosigkeit oder mangelhafte Arbeitsanweisungen sind für Mitarbeiter ein Ärgernis und dienen nicht dem Respekt vor der natürlichen Autorität der Führungskraft.

Für Jim bedeutet das, egal in welchem Umfeld er arbeitet, über eine spezielle Form des Dialogs die Aufgabe klar zu benennen, konsequent zu delegieren – und die Erfolge zu kontrollieren. (Hier kommt der Affe aus Kapitel 1 zum praktischen Einsatz!)

Ich war immer in der glücklichen Situation, auf der ganzen Welt in verschiedenen Kulturen zu arbeiten, in Jobs auf niedriger Ebene, in Jobs auf hohem Niveau und in verschiedenen Arbeitsumgebungen, von gemächlichem Unterricht bis hin zu hochaktiven Militäroperationen. Egal wo und auf welcher Ebene ich gearbeitet habe, ich bin immer wieder erstaunt über die Unfähigkeit, zu beaufsichtigen und zu delegieren.

Meine Annahme, dass ich Probleme im Zusammenhang mit Aufsicht finden werde, bestätigt sich in jedem neuen Job, sodass ich immer »Der Minuten Manager und der Klammer-Affe« zum Einsatz bringe. Dies ist eine einfache Technik, die beschreibt, wie man delegiert und Menschen zur Verantwortung zieht. Dieser Kurs und das Teilen dieser Ideen stellen sicher, dass jeder weiß, dass ich die Delegation ernst nehme, und es gibt uns ein gemeinsames Set von Konzepten und ein Vokabular an die Hand.

1. Der Dialog endet erst, wenn der Affe beschrieben wird. Das Buch von Kenneth Blanchard verwendet starke Bilder, um den Menschen zu helfen, die Schlüsselkonzepte zu verstehen. Es definiert eine Aufgabe als Affen. Es ist der Affe auf einem Rücken,

*den Vorgesetzte an jemand anderen weitergeben müssen. Regel Nummer 1 sieht vor,
dass der Supervisor und der Mitarbeiter im Allgemeinen einen Dialog haben, der den
Affen, also die Aufgabe beschreibt. Beide Seiten haben hier eine Verantwortung: Der
Vorgesetzte muss klar und präzise sein und der Mitarbeiter muss sicherstellen, dass er
den Affen versteht. Ein weiterer wichtiger Bestandteil dieser Konversation ist die Notwendigkeit zu beschreiben, wie das Ergebnis aussieht, sodass die Person, die mit dem
Affen zu tun hat, weiß, was der Chef erwartet.*

*2. Der Dialog endet erst, wenn der Affe zugewiesen ist. Als Nächstes muss der
Supervisor den Affen einer Person zuweisen und diese Person muss die Aufgabe annehmen.*

*3. Der Dialog endet erst, wenn der Affe sicher ist. Der Vorgesetzte und der Mit-
arbeiter müssen sich darauf einigen, wie viel Einfluss der Chef auf die Überwachung
des Affen hat. Für die meisten Aufgaben besteht das Ziel darin, dem Mitarbeiter die
Arbeit zu ermöglichen, der dann über den Abschluss des Projekts berichtet. Für neue
Angestellte, komplexe Affen oder wichtige Affen: Vorgesetzte sollten die Mitarbeiter
informieren, bevor die Schlüsselaktionen durchgeführt werden.*

*4. Der Dialog endet erst, wenn Check-ups geplant sind. Eine weitere wichtige Regel
bezieht sich darauf, wie ein Chef die zugewiesenen Aufgaben verfolgt. Es ist wichtig,
einen Zeitplan zu erstellen, um den Status der Aufgaben zu überprüfen, ohne in den
Prozess einzugreifen.*

*Das Schöne an dieser Technik ist, dass sie für die Übertragung von hochkomplexen
bis hin zu einfachen Aufgaben geeignet ist. Darüber hinaus ist es ein hervorragender
Rahmen, um zu beurteilen, wie gut ein Projekt oder eine Aufgabe durchgeführt wurde,
und um festzustellen, warum bestimmte Aufgaben fehlgeschlagen sind. Außerdem ist
es äußerst flexibel.*

*Wenn ich also meine Mitarbeiter bitten würde, etwas Einfaches zu tun, wie: »Lasst
uns eine Social-Media-Kampagne für dieses Programm machen, das wir gerade finan-
ziert haben«, würde ich erwarten, dass sie sagen: »Jim, das ist kein schlauer Affe.
Welches Ergebnis erwartest du? Wann ist es fällig?« Nach einigem Hin und Her würde
ich erwarten, eine klare Aufgabe zu haben, über die wir uns einig sind. Etwas wie »Wir
werden eine Social-Media-Kampagne machen, die 10 000 neue Abonnements und
mehr als 500 positive Kommentare nach sich zieht und mehr als 1000 Menschen für
unsere Veranstaltung gewinnen wird. Das Programm beginnt am 1. Mai und endet
am 30. Juni. Das Budget beträgt 1000 US-Dollar. Ich erwarte mindestens zwei posi-*

tive Geschichten über die Veranstaltung in den lokalen Medien und Berichterstattung durch die lokalen Nachrichtenagenturen.« Wir würden wahrscheinlich auch zustimmen, dass ich den Plan nicht genehmigen muss und dass ich den Status des Projekts während unserer wöchentlichen Mitarbeiterbesprechungen überprüfen würde.

Wenn ich die Regeln befolgt hätte, würde mein Team die Aufgabe ohne weiteren Entscheidungsbedarf von meiner Seite und ohne zusätzliche Ressourcen umsetzen. Nach Abschluss des Projekts könnten wir anhand der Leitlinien, die wir bei unserem ersten Treffen vereinbart hätten, beurteilen, ob wir unsere Projektziele erreicht hätten.

Selbstentfaltungsproblem: Anerkennung statt Kritik

Kritik und Tadel lähmen, Anerkennung und Lob beleben. Verantwortungsbewusste Führungskräfte wissen um dieses Gesetz und vermeiden es weitgehend, ihre Mitarbeiter zu kritisieren und zu tadeln. Trotzdem ist es manchmal nötig, auf Fehler aufmerksam zu machen, um sie in Zukunft nicht mehr vorkommen zu lassen. Das geht nicht immer ohne Kritik.

Kritik und Tadel lähmen, Anerkennung und Lob beleben.

Fehler sind dazu da, dass sie gemacht, aber nicht, dass sie wiederholt werden. Wenn sich Kritik nicht vermeiden lässt, dann sollten einige psychologische Erkenntnisse und Verhaltenstipps beherzigt werden:

- ▶ Ist es wirklich unbedingt nötig, zu kritisieren oder zu tadeln? Denken Sie zuerst über eine positive Alternative nach, denn Leistungen wachsen nur aus der Fülle der Kräfte, die es zu wecken gilt. Misserfolgserlebnisse schwächen das Selbstvertrauen, Anerkennung stärkt es.
- ▶ Wenn schon Kritik, dann sofort – oder Sie vergessen es ganz. Zu spät vorgetragene Kritik wirkt nachtragend.
- ▶ Auf Lob oder Tadel reagieren Menschen unterschiedlich. Die gleiche Kritik lässt den einen Mitarbeiter kalt, den anderen trifft sie ins Mark. Das gleiche Lob, das der eine braucht, macht den anderen überheblich. Deshalb immer nur individuell loben oder tadeln.
- ▶ Loben oder tadeln Sie immer nur das sachliche Verhalten (»Sie haben etwas vergessen«), nie persönliche Eigenschaften (»Sie sind schlampig«).

▶ Kritisieren Sie immer im Vier-Augen-Gespräch, nie in Gegenwart anderer Personen. Lassen Sie den Kritisierten stets sein Gesicht wahren.

▶ Beginnen Sie möglichst mit einem positiven Punkt und geben Sie dem Mitarbeiter das Gefühl, dass Sie ihm Hilfe zur Selbsthilfe anbieten.

▶ Bevorzugen Sie die »Wir«-Form (»Wir haben einen Fehler gemacht«), damit der Kritisierte das Gefühl bekommt, dass der Fehler nicht nur ihm passiert ist und er die alleinige Schuld dafür tragen muss, sondern auch anderen hätte geschehen können.

▶ Vermeiden Sie unbedingt Unbeherrschtheit oder beleidigende, lächerlich machende wie verallgemeinernde Ungerechtigkeiten. Bleiben Sie sachlich und nennen Sie Argumente, auch wenn es schwerfällt.

▶ Versetzen Sie den Kritisierten in die Lage des Vorgesetzten (»Wenn Sie an meiner Stelle wären, ...«) und bevorzugen Sie bei der Kritik die Frageform (»Was ist passiert, als Ihnen der Fehler unterlaufen ist?«). Damit appellieren Sie an die Selbstverantwortung des Mitarbeiters, ohne sein Selbstwertgefühl anzugreifen.

▶ Zeigen Sie immer, wie man es besser machen könnte. Am Ende des Gesprächs muss stets eine positive Geste der Versöhnlichkeit und Aufmunterung stehen.

Sparen Sie nicht mit Anerkennung und Lob, auch wenn eine erbrachte Leistung nicht perfekt war.

Bedenken Sie immer: Kritik lähmt Kräfte, Anerkennung weckt Kräfte. Nehmen Sie deshalb gute Mitarbeiter nicht als selbstverständlich hin, sondern loben Sie auch mal kleine Fortschritte. Besondere Leistungen verdienen auch besondere Anerkennung! Setzen Sie die Zauberkraft des Lobes ein, spornen Sie Ihre Mitarbeiter an, ermutigen Sie und mobilisieren Sie die letzten Kräfte, indem Sie Ihren Glauben an die Fähigkeiten Ihrer Mitarbeiter betonen. Wichtiger als Geld – etwa eine Gehaltserhöhung – ist Anerkennung. Jeder will etwas gelten. Den idealen, den perfekten Mitarbeiter, der nie Fehler begeht, gibt es genauso wenig wie den perfekten Chef. Sparen Sie deshalb nicht mit Anerkennung und Lob, auch wenn eine erbrachte Leistung nicht perfekt war. Etwas Positives findet sich fast immer.

Ein besonderes Zeichen der Anerkennung, das Jim vor vierzig Jahren bekam, begleitet ihn heute noch zu jeder neuen beruflichen Station, und er schildert, wie er dazu kam und warum es so wertvoll für ihn ist.

Ich hatte das Glück, in meinem Leben viele Belohnungen, Boni und Auszeichnungen zu erhalten. Die überwiegende Mehrheit davon war eher bedeutungslos: Sie haben nicht wirklich erfasst, was an meiner Leistung wichtig war, sie wurden viel zu spät vergeben, und der Prozess zur Ermittlung, wer belohnt wurde und warum, ist oft undurchsichtig und anfällig für Günstlingswirtschaft. Aber ich habe auch einige unglaubliche Belohnungen erhalten: herzliches Dankeschön, eine einfache Umarmung, neue Freundschaften. Die vielleicht bedeutendste Auszeichnung, die ich erhielt, war ein handgezeichneter Award, den mir meine Staffel am Ende unserer Grundausbildung bei der U.S. Air Force überreicht hat.

Ich war von unserem Feldwebel zur »Latrine Queen« des Geschwaders gewählt worden, mit der Aufgabe, dafür zu sorgen, dass unsere Toiletten und Duschen stets sauber und zur Inspektion bereit waren. Nun musste ich einen Weg finden, um fünfzig männliche Teenager und junge Männer davon zu überzeugen, die Sanitäranlagen sauber zu halten, und Freiwillige finden, die mir halfen, die Räumlichkeiten jeden Abend zu reinigen: Jede Mutter weiß, dass dies mit ein paar Kindern nicht möglich ist. Können Sie sich die Herausforderung vorstellen, das für fünfzig Leute zu machen?

Unnötig zu sagen, dass es ein ziemlich undankbarer Job war, aber wir haben uns immer wieder damit arrangiert – und wir haben uns bei sämtlichen Inspektionen hervorgetan. Nach unserem Abschluss, als wir uns für die Abreise fertigmachten und uns verabschiedeten, wurde ich nach vorne gerufen. Das Geschwader hatte eine Überraschung für mich: Sie überreichten mir einen handgezeichneten Fantasiepreis ohne Geldwert: den »Latrine Queen Award«.

Noch vierzig Jahre später besitze ich den »Award« und bringe ihn zu jedem neuen Job mit. Es ist deswegen so bedeutungsvoll, weil ich ihn nicht erwartet hatte; er wurde mir vom Team überreicht, nicht von meinem Chef; er war für etwas, was ich getan hatte, und sie hatten verstanden, wie wichtig das war und wie viel Arbeit. Kein Geld, keine formelle Überreichung, keine schicke Auszeichnung: nur herzlicher Dank und Anerkennung. Die Leute hatten erkannt, wie schwierig und wichtig der Job war, obwohl es nur darum ging, die Toiletten sauber zu halten.

Menschliches Problem: Verständnis zeigen – Hilfe geben

Kein Mensch möchte nur eine Nummer sein, jeder will Mensch sein und wie ein Mensch behandelt werden. Wer mit »Herr« angeredet wird, benimmt sich auch eher wie ein Herr. Persönliche Unhöflichkeiten und Distanzlosigkeiten werden mit Unzufriedenheit und Ablehnung quittiert. Unbeherrschtes, polterndes oder lautes Verhalten zeigt nur persönliche Schwäche und Führungsinkompetenz. Ein launischer Chef wird nicht respektiert, sondern verachtet.

Menschen führen heißt menschlich führen, Menschen mit emotionaler Intelligenz dazu anleiten, besser zu werden. Eine menschlich kompetente Führungskraft zeigt echte Teilnahme an den besonderen Sorgen und Problemen der Mitarbeiter, ohne Aufdringlichkeit und ohne persönliche Grenzen zu überschreiten. Muss einmal ein persönlicher Wunsch abgelehnt werden, dann geschieht das auf die »nette« Art: freundlich, höflich, immer mit einer vernünftigen Begründung.

Menschen führen heißt menschlich führen, Menschen mit emotionaler Intelligenz dazu anleiten, besser zu werden.

Menschliche Chefs vergessen weder die Geburtstage noch andere wichtige Ereignisse im Leben ihrer Mitarbeiter, sie zeigen auch Verständnis bei der Einarbeitung neuer Mitarbeiter, bieten ihre Hilfe und Unterstützung an und forschen bei nachlassenden Leistungen zuerst nach den Ursachen, bevor sie Maßnahmen ergreifen. Dabei bewahren sie immer den guten Ton. Sie werden vielleicht nicht von allen geliebt (kein Chef muss »Everybody's Darling« sein), aber immer respektiert. Man weiß, dass man einem Chef mit menschlicher Kompetenz und emotionaler Intelligenz wirklich vertrauen kann.

Eine wesentliche Kompetenz von Vorgesetzten ist die Beaufsichtigung der Mitarbeiter, wobei Jim den Begriff »Supervision« verwendet, der sehr gut geeignet ist, die Anforderungen zu beschreiben, um die es uns hier geht: eine Kombination aus Anleitung, Unterstützung, Überwachung und Kontrolle der Ergebnisse.

Ich habe fast zwei Jahrzehnte lang große Betriebe geführt und viele Leute eingestellt und gefeuert. Meiner Erfahrung nach ist in den meisten Fällen eines Fehlverhaltens der Mitarbeiter die Ursache für das Problem eine schlechte Beaufsichtigung. Menschen kom-

men, um für uns zu arbeiten, um Sinn zu finden und sich aufgrund ihrer Leistungen gut zu fühlen – mit unserem Buch möchten Alexander und ich Sie als Führungskraft dabei unterstützen, dies mit den Ihnen anvertrauten Mitarbeiterinnen und Mitarbeitern zu erreichen. Selten stellen wir Leute ein, die scheitern oder stören wollen. Wesentlich häufiger befördern wir die falschen Menschen in Führungspositionen und lehren sie nicht, wie man überwacht.

Eine der operativen Komponenten unseres Geschäfts läuft wie die Führung einer Fabrik: Es gibt sehr spezifische Quoten, und wenn Sie sie nicht erfüllen, können Sie gefeuert werden. Die Experten, die den gesamten Betrieb leiten, leisten hervorragende Arbeit bei der Schulung des Personals und der Kommunikation der Erwartungen. Wie ein großer Teil der Abteilung bieten sie jedoch manchmal kein adäquates Coaching und Mentoring für neue Vorgesetzte an, die gelegentlich Probleme verursachen, wenn sie sich in ihre neuen Jobs einarbeiten.

Wenn ein Problem mit einem Mitarbeiter auftaucht, haben diese neuen Vorgesetzten oft nicht die Fähigkeiten, produktiv damit umzugehen, und ein relativ einfaches Problem kann schnell zu einem größeren Problem eskalieren. Wenn also ein neuer Vorgesetzter mit einem widerspenstigen Mitarbeiter zu kämpfen hat, würde er gern Hilfe bei übergeordneten Führungskräften suchen, um sie zu disziplinieren. In den allermeisten Fällen würden wir feststellen, dass es auf beiden Seiten Fehler gibt, aber die Hauptursache des Problems wäre eine schlechte Beaufsichtigung. Sobald wir dies als das Problem identifiziert haben, bitten wir den Vorgesetzten, zusätzliche Schulungen zu absolvieren. Mit dieser zusätzlichen Hilfe haben wir den Fall selten wiedergesehen.

Charakterproblem: Gerechtigkeit praktizieren

Charakterfestigkeit und die Fähigkeit, über den Dingen stehen, sie unvoreingenommen von außen betrachten zu können, zeichnen den gerechten Vorgesetzten aus, der jeden Mitarbeiter gleich behandelt und niemals willkürlich nach Sympathie oder Antipathie Entscheidungen trifft.

Ungerechtigkeit bewirkt stets Spannungen, die Energie und Arbeitskraft kosten. Wer zweierlei Maß anwendet, wer heute etwas erlaubt, was er morgen rügt, verspielt jede Autorität. Der gerechte Chef hört bei Konflikten und Beschuldigungen immer alle Standpunkte, er stellt Beschuldigte den Beschuldigern gegenüber und versucht Lösungen durch Offenheit zu erreichen.

Der gerechte Chef hört bei Konflikten und Beschuldigungen immer alle Standpunkte.

Vernünftige Ordnungsregeln führen selten zu Unzufriedenheit, sind aber in den Unternehmen immer noch die Ausnahme. Dabei können zum Beispiel Verhaltensregeln, die für alle gelten – also nicht nur für die Mitarbeiter, sondern auch für den Vorgesetzten – das Miteinander im Betrieb in positive Bahnen lenken.

Ein gerechter Chef duldet weder Spitzeldienste noch Mobbing. Von Stänkerern, Intriganten und falschen Märtyrern trennt er sich kompromisslos. Die Atmosphäre der Offenheit duldet keine Heimlichkeiten und Vertraulichkeiten, die nicht bekannt werden dürfen, und keine Versprechungen, die nicht gehalten werden. Auch Irrtümer einzugestehen schadet der Autorität nicht, sondern ehrt den Menschen und den Vorgesetzten. Feigheit hingegen richtet jede Autorität zugrunde.

Die gerechte Führungspersönlichkeit urteilt oder verurteilt niemals pauschal oder allgemein, sondern drückt sich immer konkret aus. Ihr Umgang mit Mitarbeitern ist geprägt von Vertrauen statt Vertraulichkeiten, von Verständnis statt Verdächtigungen und von Geduld statt schnellen Urteilen.

Jim erlebte in seiner Laufbahn immer wieder, wie wichtig es ist, sich der Gefahr vorschneller Entscheidungen bewusst zu sein, und bei auftretenden Problemen auch mal tiefer zu graben – besonders wenn es um Ereignisse geht, die die Werte einer Gemeinschaft betreffen.

In der mobilen Kultur des Außenministeriums wechseln die Vorgesetzten ständig. Und uns werden zwei scheinbar widersprüchliche Fähigkeiten beigebracht: Haben Sie einen 90-Tage-Plan, damit Sie bei Ihrer Ankunft klare Ziele und Anweisungen haben, aber ändern Sie nichts, bis Sie die Abläufe verstanden haben. Mit anderen Worten: Stellen Sie sicher, dass Ihre Mitarbeiter wissen, Sie konzentrieren sich auf die Ausführung; seien Sie aber geduldig, hören Sie zu und verstehen Sie die Abläufe, bevor Sie versuchen, Dinge zu ändern.

Kurz nachdem mein neuer Stellvertreter eingetroffen war, trank einer unserer Angestellten nach der Arbeit auf einer Party zu viel und geriet in Schwierigkeiten mit unserem Sicherheitsteam und der Nachbarschaft. Mein neuer Stellvertreter arbeitete hart, um rasch alle Fakten herauszufinden, und er kam zu mir mit der Empfehlung, die Person und ihre Familie zurück in die USA zu schicken. Aus institutioneller Sicht war an dieser Empfehlung nichts falsch.

Aber ich war besorgt. Ich war nicht davon überzeugt, dass die Empfehlung mit unserer Mission oder unseren Werten übereinstimmte. Ich schickte ihn weg, um darüber nachzudenken, ob seine Empfehlung uns helfen würde, eine Gemeinschaft aufzubauen, ob sie unser Team stärken würde, ob sie ein positives Arbeitsumfeld schaffen würde und welches Ergebnis er erwartete, um zu sehen, dass wir den Vorschlag umgesetzt hätten.

Als wir uns ein paar Tage später trafen, hatte er eine viel differenziertere Sicht sowohl auf das Verhalten als auch auf unsere beste Reaktion. Das Ereignis war das letzte in einer Reihe bedeutender Verstöße gegen die Regeln der Gemeinschaft gewesen, und dies geschah im Rahmen einer Party, an der auch andere beteiligt waren. Nachdem er tiefer gegraben hatte, schlug er eine Lösung vor, die viel mehr mit unseren Gemeinschaftswerten übereinstimmte und die unserer Gemeinschaft helfen würde zu wachsen. Seine Lösung funktionierte so gut, dass es künftig keine Beschwerden mehr gab, denn die Gemeinschaft griff bei Problemen ein, bevor sie so groß wurden, dass wir sie hätten ansprechen müssen.

Motivationsproblem: Schwung und Optimismus ausstrahlen

Sämtliche Motive des menschlichen Handelns lassen sich auf die drei grundlegenden Antriebskräfte im Bereich der menschlichen Bedürfnisse zurückführen:

► Selbsterhaltungstrieb (Selbstbehauptungsdrang, Selbstdurchsetzungsverlangen)
► Selbstentfaltungsdrang (Selbstverwirklichungsstreben)
► Selbstbestätigungsverlangen (Selbstschätzungstrieb)

Die Vielfalt der Spielarten dieser drei Grundantriebskräfte hängt stark von der individuellen Mischung und vom persönlichen Erfahrungsstand ab. Firmenimage und Unternehmensgeist spielen ebenfalls mit. Die Befriedigung des Selbsterhaltungstriebs etwa wird in der heutigen Zeit als selbstverständlich betrachtet, kann jedoch eine individuelle sehr unterschiedlich hohe Bedeutung für den Einzelnen haben. In der Praxis zeigen sich Motivationsprobleme etwa darin, die tägliche Arbeit mit Selbstständigkeit und einem eigenen Verantwortungsbereich von Befugnissen und Kompetenzen anzureichern.

Motivation ganz allgemein ist die Fähigkeit, bekannte oder noch verborgene Antriebskräfte in anderen zu wecken. Das setzt die Erfassung der menschlichen Bedürfnisstruktur voraus. Und manchmal dauert es auch etwas, bis sich die gewünschten Ergebnisse einstellen, wie ein Erlebnis von Jim zeigt, bei dem es um Veränderungen in bürokratischen Strukturen ging, die ja oft ein besonders starkes Beharrungsvermögen zeigen.

Ich arbeite für eine große Bürokratie, die vom Status quo lebt und sich nicht verändert – leider liebe ich Veränderung. Ich habe noch keinen Prozess oder keine Idee gesehen, die wir nicht verbessern könnten. Unnötig zu sagen, dass es nicht einfach ist, eine Bürokratie zu verändern, und viele meiner Projekte scheitern. Nach einigen Blessuren am Anfang meiner Karriere, die sich schlecht auf mich auswirkten – ich kämpfte die falschen Kämpfe oder ließ meinem Ego den Vortritt vor meiner Position, anstatt das zu tun, was für die Organisation das Beste gewesen wäre –, lernte ich, dass es okay ist, zu scheitern: Es ist in Ordnung, auf der Stelle zu treten und zu scheitern, solange du dein Ego aus der Gleichung heraushältst und dich darauf konzentrierst, was das Beste für andere und die Organisation ist. Die Leute erinnern sich daran und oft erinnern sie sich an die positiven Wechselwirkungen, und sie werden dich anrufen, wenn sie etwas brauchen.

Eine meiner Aufgaben bestand darin, jedes Jahr neue Positionen für etwa 250 Konsularbeamte zu empfehlen. Die Arbeit war kompliziert, weil sie mit den Prozessen des Außenministeriums synchronisiert und abgestimmt werden musste. Eine unserer größten Prioritäten bestand darin, unseren besten Mitarbeitern wichtige Ausbildungsmöglichkeiten und Positionen zuzuordnen, aber der Auswahlprozess fiel zeitlich mit der Zuweisung von Mitarbeitern zu anderen Jobs zusammen. Häufig hatten wir für eine dieser Schlüsselpositionen einen perfekten Kandidaten gefunden, doch jemand anders hatte für diese Person schon einen anderen Job vorgesehen. Es war frustrierend, weil diese eine Veränderung erhebliche Auswirkungen auf viele andere Positionen hatte.

Nach dem ersten Jahr und als ich gesehen hatte, wie sehr sich dieser Ablauf negativ auf unsere Organisation ausgewirkt hatte, begann ich eine Koalition zu bilden, die sich dafür einsetzte, diese wichtigen Positionen aus dem regulären Besetzungszyklus herauszunehmen, damit wir ihnen die besten Leute zuweisen konnten, ohne die an-

deren Prozesse negativ zu beeinflussen. Es bedurfte langwieriger Verhandlungen, aber letztendlich konnte ich alle meine Kollegen dazu bringen, die Idee zu unterstützen. Als ich sie jedoch dem Leiter des Entsendungsprozesses vorstellte, lehnte er die Idee aus durchaus stichhaltigen Gründen ab. Ich verließ meine Position kurz nachdem die Idee abgelehnt worden war. Ich war enttäuscht, dass die Änderung nicht vorgenommen worden war. Aber zu meiner angenehmen Überraschung wurde sie neun Monate später doch genehmigt.

Ich hatte dafür gesorgt, dass ich die Entscheidung nicht persönlich traf und dass ich mich auf die Vorteile für die Organisation und unsere Mitarbeiter konzentrierte. Nachdem ich gegangen war, hallte die Idee bei den Kollegen, die ich zurückgelassen hatte, nach, und sie konnten das Vorhaben genehmigen lassen. Obwohl ich gescheitert war, führten meine Bemühungen zur erfolgreichen Umsetzung eines neuen Programms. Ebenso wichtig war mir, sicherzustellen, dass jeder wusste: Ich kann gut mit anderen zusammenarbeiten.

Test: Sind Sie ein Optimist?

		Trifft zu	Trifft nicht zu
1.	Die meisten Menschen sind sehr freundlich zu mir.	☐	☐
2.	Ich mache mir wenig Sorgen über Dinge, auf die ich keinen Einfluss habe (Katastrophen, Tod, Wetter usw.)	☐	☐
3.	Ich sage häufiger Ja als Nein.	☐	☐
4.	Man kann mich nicht leicht entmutigen.	☐	☐
5.	Ich glaube an das Gute in der Welt.	☐	☐
6.	Ich muss nicht perfekt sein.	☐	☐
7.	Ich kann aus vollem Herzen lachen.	☐	☐
8.	Ich habe mich heute schon gelobt.	☐	☐
9.	Ich denke weniger über meine Misserfolge nach als über meine Erfolge.	☐	☐
10.	Ich bin oft guter Laune und begeistert.	☐	☐
11.	Ich kann mich gut konzentrieren.	☐	☐
12.	Ich kann Komplimente akzeptieren und mich darüber freuen.	☐	☐
13.	Ich glaube, dass sich alles zum Guten wenden wird.	☐	☐
14.	Ich fühle mich vital und gesund.	☐	☐

15.	Ich bin ein Glückskind bzw. ein Sonntagskind.	☐	☐
16.	Hindernisse motivieren mich – ich bin sehr beharrlich.	☐	☐
17.	Meine Zukunft wird schön.	☐	☐
18.	Ich kann anderen Menschen Mut machen.	☐	☐
19.	Von kleinen Missgeschicken lasse ich mir nicht den Tag verderben.	☐	☐
20.	Ich kritisiere andere nur selten.	☐	☐
21.	Ich bin mutig.	☐	☐
22.	Meine Erfolge habe ich selbst verursacht.	☐	☐
23.	Ich habe viele positive Eigenschaften.	☐	☐
24.	Ich lasse mich von Hindernissen nicht abhalten.	☐	☐
25.	Ich glaube, dass Erfolg der natürliche Weg meiner Entwicklung ist.	☐	☐
26.	Erfolg ist kein Zufall.	☐	☐
27.	Es gibt viele Dinge, auf die ich mich in den nächsten Tagen freue.	☐	☐
28.	Ich beschwere mich selten.	☐	☐
29.	Ich habe gute Erinnerungen an meine Vergangenheit.	☐	☐
30.	Die Lösung schwieriger Probleme gelingt mir immer, wenn ich mich darum bemühe.	☐	☐
31.	Meine Freunde finden, dass ich sehr sympathisch und positiv bin.	☐	☐
32.	Was auch immer passiert, ich werde schon klarkommen.	☐	☐

Auswertung:

Bitte zählen Sie nun zusammen, wie häufig Sie die Kategorie »Trifft zu« angekreuzt haben.

Weniger als 10 Kreuzchen in der Kategorie »Trifft zu«:

Gratulation, Sie haben allen Grund, diesen Leitfaden für Erfolg als Führungskraft aufmerksam und konzentriert durchzuarbeiten. Wir wissen nicht, warum gerade Sie so pessimistisch sind. Vielleicht hatten Sie ja in letzter Zeit zu viele Misserfolge oder Ihre Eltern haben Ihnen das Vertrauen in die Welt madig gemacht, indem sie Dinge sagten wie »Vögel, die früh singen, holt am Abend die Katze«. Was auch immer es ist, das Ihnen die Freude am Leben verdorben hat: Sie können die Vergangenheit nicht ändern. Aber Sie haben die Möglichkeit, Ihre Einstellung zu verändern und täglich etwas positiver und optimistischer zu werden. Als Führungskraft sollten Sie das unbedingt tun, wenn Sie aus Ihren Mitarbeitern das Beste herausholen wollen. Vertrauen Sie auf Ihre Fähigkeiten, und lassen Sie sich auf unsere Erfahrung und unser Training ein. Erkenntnis ist der erste Schritt auf dem Weg in Ihre positive Zukunft. Sie werden täglich kleine und größere Erfolgserlebnisse haben, die Sie in kurzer Zeit zum fröhlichen Optimisten werden lassen!

Zwischen 11 und 24 Kreuzchen in der Kategorie »Trifft zu«:

Sie sind auf dem richtigen Weg. Grundsätzlich haben Sie eine optimistische und positive Lebenseinstellung. Ab und zu lassen Sie sich jedoch von anderen Menschen und kleinen Misserfolgen den Mut nehmen und die Laune verderben. Möglicherweise gelingt es Ihnen in bestimmten Situationen (noch) nicht immer, aus den gegebenen Voraussetzungen auch wirklich das Beste zu machen. Als Führungskraft können Sie Ihren Mitarbeitern jedoch immer wieder wertvolle Impulse und positive Anregungen geben. Ihre Grundhaltung ist auf jeden Fall positiv und optimistisch.

Mehr als 24 Kreuzchen in der Kategorie »Trifft zu«:

Sollten Sie jetzt schon mehr als 24-mal »trifft zu« angekreuzt haben, dann sind Sie bereits Optimist. Sie verstehen es, allen Lebenslagen etwas Positives abzugewinnen. Betrachten Sie diesen Leitfaden als angenehme Lektüre zur Auffrischung und Verstärkung, achten Sie auf die kleinen Effekte und Aha-Erlebnisse am Wegesrand, sie können Ihre positive Lebenseinstellung unterstützen. Sie sind einer der wenigen wirklich positiven Menschen. Nutzen Sie diese wertvolle Eigenschaft, um andere Menschen zu entzünden und zu begeistern. So können Sie Ihren Erfolg noch mehr steigern, und man wird Sie lieben und bewundern. Als Führungskraft sind Sie unschlagbar.

Wie Sie zum Motivator werden

»Wer gerne fährt, fährt gut«, behauptete der legendäre Autorennfahrer Caracciola. Genauso zutreffend ist folgende Aussage: *»Wer gerne arbeitet, arbeitet gut.«* Einen guten Willen bringt fast jeder mit, der einen neuen Job oder eine neue Aufgabe beginnt. Um das Beste aus den Mitarbeitern herauszuholen, ist allerdings eine gute Menschenführung der Führungskraft notwendig.

Die meisten Führungskräfte fragen ihre Mitarbeiter nach deren Fähigkeiten. Doch schon Goethe wusste: *»Fähigkeiten werden vorausgesetzt, sie müssen zu Fertigkeiten werden.«* Denn jede Begabung muss ausgebildet werden. Gute Führungskräfte fragen sich deshalb nicht nur, welche zugrundeliegenden Fähigkeiten der Mitarbeiter hat und was er damit kann, sondern auch, wodurch er zum Handeln bewegt werden kann und was seine Interessen sind. Ohne Interesse können selbst überragende Fähigkeiten nicht realisiert werden. Oder dem Sinn nach, nach Caracciola: Wer nicht gerne fährt, wird nie gut fahren. Ein Motivator sorgt dafür, dass seine Mitarbeiter gerne »fahren« oder besser gesagt: gerne arbeiten. Für ihn ist es das Wichtigste, die Hauptantriebsfedern eines Menschen zu erkennen. Verstand, Wille und Fähigkeiten sind Hilfsmittel, die Triebkräfte jedoch sind der Motor jedes Handelns.

Ein motivierender Vorgesetzter verliert nichts von seiner eigenen Position, wenn er sich ehrlich für die Interessen, Probleme und Wünsche seiner Mitarbeiter interessiert und damit deren persönliche Triebfedern geistig aktiviert. Dies geschieht zum einen durch gezielte Fragen, die

a) die Sache oder das Problem betreffen (»Was können wir Ihrer Meinung nach tun, um das Problem zu lösen?«)

b) sich auf die Aufgabe oder die Position beziehen (»Was könnte der Betreffende tun?«)

c) die Person in der Aufgabe oder der Position ansprechen (»Was können Sie dazu beitragen?«).

Zum anderen werden die Triebfedern, die persönlichen Interessen aktiviert, wenn im Gespräch der persönliche, konkrete Erlebniswert und Nutzen für den Mitarbeiter in den Vordergrund gestellt wird (Zum Beispiel: »Sie haben die Chance ...« statt »In dieser Position ist es möglich ...«).

Motivation ist also die Fähigkeit, die Triebfedern des einzelnen Mitarbeiters zu aktivieren – zum Vorteil des Mitarbeiters, aber auch zum Vorteil für das Team, die Abteilung, das Unternehmen.

Viele Führungskräfte verwechseln Motivation mit Manipulation. Sie wollen andere Menschen gezielt beeinflussen, ihre Gefühle, Gedanken und Handlungen bestimmen. Damit wollen sie erreichen, dass die Mitarbeiter das tun, was der Vorgesetzte will. Die persönliche Triebfeder des Einzelnen ist dabei nebensächlich. Motivation verfolgt jedoch den echten Vorteil für beide Seiten. Denn auch die besten Ziele sind ohne Motivation, ohne wirkliches persönliches Interesse aller Beteiligten nicht zu erreichen.

Motivation ist die Fähigkeit, die Triebfedern des einzelnen Mitarbeiters zu aktivieren.

Die Führungskraft hat dabei aber auch immer auf den Rahmen zu achten, indem gehandelt werden soll – und darf. Was das bedeutet und wie wichtig das ist, hat Jim unter anderem beim Teetrinken gelernt.

OH, MEIN GOTT! Das ist das Geisttötendste, das ich jemals getan habe!

Nachdem ich von meiner zukünftigen Frau zu einer japanischen Teezeremonie eingeladen worden war, achtete ich darauf, meinen Schmerz (ich kniete zwanzig Minuten lang) und meinen Mangel an Wertschätzung für die Feinheiten der Zeremonie nicht auf meinem Gesicht zu zeigen. Aber das war das zweite Mal, dass ich bei dieser Zeremonie mitmachte, und es war einfach zu viel verlangt!

Nach der Zeremonie war meine zukünftige Frau begeistert: Es war perfekt gelaufen, der Sensei war glücklich, der Tee war köstlich und der Rahmen war friedvoll. Sie war überglücklich!

Was sollte ich sagen? Ich stimmte voll und ganz zu. Ja, ich zeigte kein Rückgrat!

Später, viel später, erklärte ich, dass ich es als eine schmerzhafte, langweilige Zeremonie empfunden hatte. Einengend und einschränkend. Sie müssen einen bestimmten Weg gehen, Sie müssen den Tee auf eine bestimmte Art und Weise rühren, Sie müssen den Tee auf eine bestimmte Art trinken. Es ist unerträglich!

Meine Frau verdrehte die Augen und warf mir diesen bestimmten Blick zu: »Jim, du bist ein Idiot!« Es ist gut, klar zu sein, und es ist schwer, zu streiten. »Es ist nicht langweilig: Wir ehren unsere Gäste, indem wir eines der bescheidensten Dinge tun, die wir tun können – Tee zu machen. Wir haben die Zeit genutzt, um den Raum aufzubauen. Wir haben ihn gereinigt, wir arrangierten Blumen und Kalligraphie passend zur Jahreszeit. Es ist schön und sinnvoll.«

»Hmmm …«

»Und, oh, auf diese Weise ist es überhaupt nicht einschränkend. Und du bist ein Idiot! Ja, natürlich gibt es Regeln; ja, natürlich, es gibt Abläufe, denen man folgen kann, und ja, natürlich kann es banal erscheinen — aber es gibt trotzdem Tee. Und innerhalb dieser Regeln bin ich hundert Prozent frei, zu tun, was ich tun möchte. Ich wähle, welchen Kimono ich trage, ich wähle, welche Kalligrafie gezeigt werden soll; ich wähle, welche Pflanzen für Ikebana verwendet werden sollen; ich wähle den Tee. Die Regeln helfen dabei, die Möglichkeiten einzuschränken, aber gleichzeitig befreien sie mich!«

Da ich kein kompletter Idiot bin, lächelte ich und hielt den Mund. Hmmm. Als ich später über ihre Erklärung nachdachte, verstand ich schließlich: Sie war wirklich frei. Die Regeln und Abläufe waren keine Beschränkungen; sie waren ihr Sandkasten und sie konnte so kreativ sein, wie sie in dieser »Sandbox« sein wollte. So hatte sie tatsächlich nur für mich einen atemberaubenden Kimono mit einem Spritzer leidenschaftlicher roter Unterstützung getragen. Sie zeigte ihre Liebe diskret für mich, nur für mich.

Wenn ich neue Mitarbeiter ausbilde oder einen neuen Job antrete, verwende ich dieses Beispiel, um ihnen zu helfen, die Bedeutung von Grenzen zu verstehen. Ich gebe ihnen die Erlaubnis, im Sandkasten zu arbeiten, ohne Angst oder Zweifel an meiner Bereitschaft, sie zu unterstützen. Solange sie in der »Sandbox« sind, sind sie frei. Der Sand gehört ihnen. Dies führt zu unglaublicher Kreativität und Innovation. Doch sie wissen auch, wenn sie die Barriere überqueren möchten, benötigen sie entweder eine Erlaubnis oder müssen sich darauf einstellen, eine auf die Finger zu bekommen.

Leistungsfähigkeit und Arbeitsklima: Dynamik im Team

Die größte Herausforderung für eine Führungskraft liegt darin, aus einer Gruppe sehr unterschiedlicher Persönlichkeiten mit verschiedenen Aufgabenbereichen, Tätigkeitsschwerpunkten und Wissensgebieten ein Team zu bilden, das die gebündelten Kräfte aller, die Fähigkeiten und Fertigkeiten jedes Mitglieds zum Erreichen eines gemeinsamen Ziels einsetzt. Ähnlich wie bei Zahnrädern funktioniert die optimale Kräftebündelung jedoch nur, wenn jedes »Teilchen« aktiv mitwirkt und »funktioniert«. Jedes Teammitglied, das aus dem Team ausschert, bremst und blockiert die gemeinsame Leistung. In einer Fußballmannschaft zum Beispiel kann ein einziger schwacher Spieler eine noch so gute Leistung des restlichen Teams zunichte machen, wenn er mit seinem schlechten Spiel eine Niederlage seiner Mannschaft verschuldet. Sieg oder Niederlage ist in allen Mannschaftssportarten das Ergebnis von Teamarbeit. Dabei ist es auch wichtig, dass die »Leistungsträger«, also herausragende Spielerpersönlichkeiten, von sogenannten »Wasserträgern« unterstützt werden: Mit Fleiß, geschickten Ablenkungsmanövern, Einsatz, Zuspiel und anderen sportlichen Mitteln wird der »beste Mann« in die Position gerückt, in der er seine Fähigkeiten ideal entfalten kann. Gleichzeitig wird ihm »der Rücken freigehalten«. Der beste Mann soll sich nicht mit Dingen abgeben müssen, die ihn daran hindern, seine wirklichen Fähigkeiten zur Geltung zu bringen. Ein Spieler, der zuverlässig Kopfball-Tore erzielt, wird von einem guten Trainer daher auch nicht im Mittelfeld eingesetzt, sein Platz ist vor dem gegnerischen Tor, wo ihn seine Mitspieler mit hohen Flanken anspielen. Auch wird ein guter Trainer nie mehrere Spieler mit denselben Fähigkeiten auf den Platz stellen, denn sie würden sich nur gegenseitig blockieren. Deshalb kann schon mal vorkommen, dass Weltklasse-Spieler auf der Ersatzbank auf ihren Einsatz warten. Es geht dabei immer ums große Ganze, bei dem es darauf ankommt, die genialen Fähigkeiten Einzelner zum Nutzen aller und für den gemeinsamen Erfolg zu unterstützen.

Die größte Herausforderung für eine Führungskraft liegt darin, aus einer Gruppe sehr unterschiedlicher Persönlichkeiten ein Team zu bilden.

Viele Führungskräfte versäumen es, die »Teambildungsregeln«, die im Sport gelten, auch in ihrem Team anzuwenden – zulasten von Produktivität und Effektivität ihrer Mitarbeiter, ihrer Abteilung und ihres Unternehmens. Ein Team zu bilden und ein funktionierendes Team aufrechtzuhalten, bedeutet bewusste Arbeit und Kontinuität. Auch wenn Mitarbeiter wechseln oder Prozesse sich verändern, ist ein leistungsfähiges Team die Grundlage für den Erfolg als Führungskraft. Am Erfolg Ihres Teams werden Sie, wird Ihre Kooperationsfähigkeit und Führungsstärke gemessen, ob es Ihnen gefällt oder nicht.

Um aus einer Gruppe ein Team zu bilden, sollten Sie folgende Faktoren berücksichtigen:

▸ Neutralisieren Sie opponierende Untergruppen oder gewinnen Sie Einzelne aus dieser Gruppe für sich und Ihre Ziele.

- Formulieren Sie Ziele klar und unmissverständlich und machen Sie den Vorteil für alle deutlich, wenn diese Ziele erreicht werden.
- Verabschieden Sie sich von statischen Denkmustern. Teams entwickeln sich weiter, verändern sich immer wieder. Teambildung ist ein dynamischer Prozess, der flexibles Denken und Handeln fordert.
- Schaffen Sie Übereinstimmung unter den Gruppenmitgliedern durch ein klares, von allen anerkanntes, gemeinsames Ziel.
- Finden Sie Spezialisten und Experten auf jedem Gebiet und schaffen Sie Klarheit über den persönlichen Beitrag, den jeder Einzelne leisten kann und soll.
- Lassen Sie die Arbeit von den Betroffenen selbst sinnvoll verteilen.
- Ermöglichen Sie jedem einzelnen Teammitglied Selbstentfaltung.
- Beteiligen Sie alle Gruppenmitglieder an Fragen, die das gemeinsame Ziel betreffen. Sorgen Sie für Offenheit und Ehrlichkeit untereinander. Keiner darf außerhalb bleiben.
- Manchmal ist Konkurrenzdenken und Konkurrenzverhalten zum Erreichen eines Ziels wichtig und notwendig. Entschärfen Sie dies aber durch offene Kommunikation.
- Nehmen Sie Äußerungen und Vorschläge ernst und zeigen Sie sich bereit, sie fair zu prüfen.
- Machen Sie den Teamerfolg zum Erfolg aller und heben Sie die gemeinsame Leistung hervor.
- Fördern Sie Toleranz gegenüber anderen Mitgliedern mit gutem Beispiel und bieten Sie aktive Hilfe bei Schwierigkeiten an.
- Betonen Sie Gemeinsames, stellen Sie Unterschiede und Trennendes in den Hintergrund.

Mit Teambildung soll erreicht werden, dass jedes Gruppenmitglied ein klares Bild hat von den Zielen – und zwar von den Gruppenzielen und von den persönlichen Arbeitszielen. Jedes Teammitglied muss seinen eigenen Verantwortungsbereich haben und wissen, dass seine Leistung wichtig ist für die Leistung, die das Team erbringen muss. Andererseits muss auch deutlich werden, dass mangelhafte Einzelleistungen auch die Leistung des Teams verschlechtern. Das erfordert eine offene Kommunikation und Arbeitsatmosphäre, in der die Kontrolle sowohl von Einzel- als auch von Gruppenleistungen durch alle erfolgen und gegebenenfalls beeinflusst und korrigiert werden kann. In einem gut funktionierenden Team fühlt sich jeder für die eigene wie auch für die Leistung aller gleichermaßen verantwortlich. Das erzielte Ergebnis als Ganzes zählt – und jeder hat dafür sein Bestes zu geben.

In einem gut funktionierenden Team fühlt sich jeder für die eigene wie auch für die Leistung aller gleichermaßen verantwortlich.

Dies erfordert, die Teamleistung und die Leistung der Führungsmannschaft so abzustimmen, dass die Zahnrädchen auf allen Ebenen reibungslos ineinandergreifen. Anhand der Vision, als Behörde den Kunden einen exzellenten Service zu bieten, gingen Jim und sein Team daran, die gemeinsamen Ergebnisse zu verbessern:

Kennzahlen und KPIs (Key Performance Indicators) können wichtige Werkzeuge sein, um die Produktivität zu steigern, Risiken zu managen, Mitarbeiter zur Rechenschaft zu ziehen und den Kundenservice zu verbessern. Oft sind sie jedoch schlecht entworfen und implementiert und verursachen mehr Schaden als Nutzen. Mitarbeiter empfinden sie als Möglichkeit, ihr Verhalten zu kontrollieren und sie zu bestrafen. Gut gestaltete Messgrößen schaffen jedoch eine positive Arbeitsumgebung und können viel Kreativität freisetzen.

In Frankfurt konzentrierten wir uns darauf, übertragbare Messgrößen zu schaffen, die positive organisatorische und kulturelle Veränderungen vorantreiben sollten, um unsere Vision davon, wie Kunden die Tätigkeit von Behörden wahrnehmen, zu erfüllen. Es war ein äußerst schwieriger Prozess: Viele Leute waren der Meinung, wir müssten uns nicht verändern, andere hassten es, Abläufe nachzuverfolgen und Rechenschaft abzulegen, und andere meinten, es wäre zusätzlicher Aufwand ohne Nutzen. Um die Stärke dieses Konzepts der Messgrößen für Umgestaltungen zu demonstrieren, hat sich unsere Führungsmannschaft verpflichtet, jede Einzelheit, die an einem Arbeitstag an uns herangetragen wurde, zu bearbeiten und zu entscheiden.

Für uns hat diese Messgröße für den Rest des Teams die Art von Umgebung modelliert, die wir erschaffen wollten: eine, die innovativ, kundenorientiert und rechenschaftspflichtig war. Diese Kennzahl würde erfordern, dass die Führungsmannschaft klare Aufgaben erteilt, unsere internen Prozesse verbessert, jede unserer Rollen klarstellt und sich zu Entscheidungen verpflichtet. Unser Ausgangswert betrug 60 Prozent: Im Durchschnitt erledigten wir etwa 60 Prozent der Aufgaben an einem Werktag. Anhand dieser Daten haben wir unsere Prozesse analysiert und untersucht, warum wir die Dinge nicht an einem Tag abarbeiten. Diese Bemühungen verbesserten auch unsere interne Kommunikation und legten klare Standards für das Büro fest.

Wir haben 20 Prozent der Aufgaben, die an uns herangetragen wurden, eliminiert, weil wir erkannt haben, dass wir keinen Wert hinzufügen: Es waren Entscheidungen, die in einer niedrigeren Ebene der Organisation erledigt werden sollten. Wir haben mehrere andere Probleme gelöst und nach drei Monaten haben wir routinemäßig 100 Prozent der Arbeit, die uns an einem Werktag übermittelt wurde, bearbeitet.

Nicht überraschend, haben wir dann festgestellt, dass wir ein anderes Problem haben. Trotz unserer Bemühungen haben die Mitarbeiter nicht die Qualität geliefert, die wir erwartet hatten. Wir mussten zu viele Dinge ändern, die zu uns kamen. Wir haben nur 45 Prozent dessen, was wir erhalten haben, genehmigt, ohne Änderungen vorzunehmen. Durch das Hinzufügen eines zusätzlichen Qualitätsmaßstabs – Prozentsatz der Dokumente, die von der Chefetage nicht geändert wurden – konnten wir schnell signifikante Qualitätsverbesserungen feststellen, die es uns ermöglichten, diese Dokumente noch schneller zu bearbeiten.

Führen heißt Entscheiden

Für uns geht es bei Führung nicht einfach nur darum, die Mitarbeiter mit der nötigen Infrastruktur und mit Vorgaben auszustatten, deren Erfüllung hinterher messbar ist. Wichtig sind die Entscheidungen, die schon viel früher fallen, nämlich bei der Fokussierung auf die Richtung, in die die Organisation sich bewegen soll. Vor diesen Entscheidungen steht aber noch etwas sehr Wesentliches, nämlich Sinn. »Also, was soll's?« – das Ergebnis kann dann schon mal zu Tränen rühren.

Es ist einfach, sich mit der Erstellung von Anwendungen und der Fokussierung auf Ergebnisse zu befassen: Sie sind greifbar und einfach zu messen. Die Entscheidungen im Zusammenhang mit der Verwaltung dieser Prozesse werden jedoch am besten den Ma-

nagern und Mitarbeitern überlassen. Und wie Alexander auch immer wieder betont: Führungskräfte treffen zu Beginn des Prozesses Entscheidungen über diese Vorgänge.

Die wichtigsten Entscheidungen von Führungskräften sind die Entscheidungen darüber, worauf sich die Organisation konzentrieren sollte, wie der Erfolg gemessen werden kann und wie ein positives Umfeld geschaffen werden kann, das zum Erfolg führt. Führungskräfte sollten einen Großteil ihrer Zeit mit Entscheidungen verbringen, die die Frage beantworten: »Also, was soll's?«

Botschafterin Beth Jones war unsere Mentorin für einen Kurs, der sich auf unsere Rolle als hochrangige Führungskräfte konzentrierte. Sie betonte die Idee, dass wir für die Organisation und den Einsatz der Ressourcen und die Richtung verantwortlich seien. »Führungskräfte müssen die Frage ,Also, was soll's?' für alles, was sie und ihr Team tun, beantworten können.«

»Also, was soll's?«

Führungskräfte, die ihre Zeit damit verbringen, diese Frage zu beantworten, führen zu positiven organisatorischen Veränderungen, minimieren die Ressourcenverschwendung und maximieren den Einfluss. Sie reduzieren auch die Anzahl der Entscheidungen, die sie bei der Umsetzung eines Plans treffen müssen.

Als meine Mitarbeiter mit der Idee zu einem Wandbild in unserem Wartezimmer zu mir kamen, hörte sich das großartig an. Ungefähr 100.000 Menschen pro Jahr kamen durch diesen Raum und ein riesiges Wandbild, das unsere Freundschaft und Geschichte symbolisiert, wäre perfekt. Aber die Idee war nicht genug. Wir haben viel Zeit damit verbracht, das »Also, was soll's?« des Projekts zu besprechen. Was würde es uns wert sein, Zeit reinzustecken? Am Ende unserer Unterhaltung hatten wir diese Frage beantwortet und einen Weg festgelegt. Ich bat darum, mich mit der Künstlerin zu treffen, bevor sie das Projekt startete, nur um sicherzustellen, dass ich den Plan verstand und dass sie verstand, wonach wir suchten.

Ich traf zwei Entscheidungen und der Rest wurde an meine Mitarbeiter delegiert. Als ich das Endprodukt sah, trieb es mir Tränen in die Augen. Alle hatten einen tollen Job gemacht, die Frage »Also, was soll's?« war beantwortet worden.

Entscheidungen sind geistige Schwerarbeit, denn es liegt im Wesen der Entscheidung, etwas aufzugeben: das, wofür man sich nicht entscheidet mitsamt seinen Vorteilen. Entscheiden bedeutet, zwischen zwei oder mehreren Möglichkeiten zu wählen. Nicht immer sind die Vor- und Nachteile der einzelnen

Möglichkeiten deutlich, manchmal fehlt es auch am eindeutig klaren Ziel, häufig kommt sachliche oder auch persönliche Unsicherheit ins Spiel.

Ohne Ziel gibt es keine Entscheidung.

Doch die ureigene Aufgabe von Führungskräften ist es, Entscheidungen zu treffen. Und diese Entscheidungen dürfen keinesfalls ein Misserfolg sein. Wer eine Entscheidung trifft, muss wissen, was er damit bezweckt, was er mit dieser Entscheidung bewegen, verändern oder verhindern will. Ohne Ziel gibt es keine Entscheidung. Je präziser und eindeutiger das Ziel ist, desto klarer kann auch entschieden werden, was erforderlich ist, um diesem Ziel näher zu kommen.

Ist die Entscheidung erst einmal getroffen, muss sie auch mit aller Konsequenz und Entschlossenheit durchgeführt werden. Jedes Zaudern, jede Konzession, jeder Kompromiss macht sie von vornherein weniger effektiv. Dennoch sollte Spielraum bleiben für eine sinngemäße Anwendung oder sogar eine Korrektur, falls sich bald herausstellt, dass es eine Fehlentscheidung war. Ein falscher Entschluss ist allerdings immer noch besser als gar keiner, denn eine falsche Entscheidung kann in der Regel später noch korrigiert werden – keine Entscheidung nicht. Sehr wichtige und weitreichende Entscheidungen sollten jedoch sorgfältig geprüft und möglichst zuerst getestet werden.

Werden Sie sich auch über Ihren persönlichen Entscheidungsstil klar – mit seinen Vorzügen und seinen Nachteilen. So können Sie sich vor wiederholten Fehlentscheidungen bewahren und Ihre Entscheidungssicherheit in den Griff bekommen.

Werden Sie sich auch über Ihren persönlichen Entscheidungsstil klar!

Die souveräne Entscheidung
Bevor Sie sich entscheiden:

▸ Definieren Sie das Ziel und die Mittel und Möglichkeiten zum Erreichen des Zieles.

▸ Fassen Sie sorgfältig mögliche Probleme zusammen, die eine Entscheidung mit sich bringen könnte.

▸ Bewerten Sie alle Informationen, auf die Sie im Zusammenhang mit der Entscheidung zugreifen können.

▸ Ermitteln sie alternative Lösungs- und Entscheidungsmöglichkeiten mit Vor- und Nachteilen.

▸ Treffen Sie nach Abwägung aller Kriterien Ihre persönliche Entscheidung.

Legen Sie außerdem exakt fest, wer, was, wann, wo, wie, womit und wozu zur Ausführung Ihrer Entscheidung beitragen kann. Erst damit wird sie effektiv. Und: Sichern Sie die Entscheidung gegen mögliche Schwierigkeiten, Einwendungen und Angriffe ab, aber handhaben Sie sie auch »elastisch« mit einem gewissen Spielraum.

Führen durch Kommunikation: Diskussionen

Jeder Vorgesetzte steht irgendwann vor der Situation, dass ein klärendes Gespräch mit Mitarbeitern oder eine Diskussion im Team ansteht. Doch jede Diskussion ist nur so gut – oder so schlecht – wie der Diskussionsleiter. Ein ungeduldiger Gesprächsleiter kann gute und sinnvolle Vorschläge und Ansätze übergehen und die Diskussion damit in die falsche Richtung verlaufen lassen. Ein Diskussionsleiter, der sich zu sehr zurückhält, kann das Gespräch versanden lassen.

Ein guter Diskussionsleiter sorgt dafür, dass die Diskussion in Gang gebracht und gehalten wird, indem er zum Beispiel bei missverständlichen Äußerungen nachfragt, gegensätzliche Ansichten mit Vor- und Nachteilen gegenüberstellt und Meinungen dazu einholt oder eine Position überspitzt, falsch oder lückenhaft darstellt, um zum Widerspruch oder zu Ergänzungen anzureizen.

Diskussionen sind aber nur die Vorstufe zu Handlungen, wie dieses Erlebnis von Jim eindrucksvoll beweist:

In Guangzhou erbte ich eine Visa-Abteilung in der Krise: Die Moral war schlecht, die Produktivität noch schlechter und der Kundenservice miserabel. Als ich die Abläufe durchging, erkannte ich Dutzende von Problemen, die wir angehen mussten – doch jeder war einfach zu beschäftigt, um es zu tun.

Ich besprach die Vorgänge mit meinen Mitarbeitern. Sie waren sich einig, dass die Dinge behoben werden müssten. Und dann folgten alle Gründe, warum wir es nicht tun konnten. So bat ich die 50 Personen, die für das tägliche Management und die Arbeit verantwortlich waren, am Samstag – ihrem freien Tag – zu kommen, um zu diskutieren, wie wir die Abläufe reparieren könnten. Ich habe auch einen der leitenden Manager gebeten, mir zu helfen, den Prozess zu erleichtern. Ich würde ihnen Überstunden bezahlen und zum Mittagessen Pizza spendieren. Alle von ihnen, die keine anderen Pläne gemacht hatten, kamen rein.

Wir begannen den Tag um 7:30 Uhr mit einem Frühstück und sprangen dann direkt in ein Brainstorming: »Was läuft bei unseren Abläufen falsch?«, »Was machen wir gut?« Die Antworten teilten wir in große Kategorien ein, damit wir uns auf die wichtigsten Probleme konzentrieren konnten und sicherstellten, dass nichts repariert würde, was funktionierte. Dann haben wir die sechs großen Kategorien priorisiert.

Vier Probleme mussten wir sofort beheben. Ich teilte die Anwesenden in vier Gruppen ein und gab jeder Gruppe den Auftrag, eines der Probleme zu lösen. Ich gab ihnen folgende Anweisung: Die Lösung musste legal sein und regulatorischen Vorgaben entsprechen, und sie musste unser Ziel erfüllen, einen exzellenten Kundenservice zu bieten. Die Gruppen hatten zwei Stunden, um Lösungen zu finden, die sie vor dem Mittagessen präsentieren sollten. Der andere leitende Beamte und ich blieben als Ressource da, aber sie waren ganz auf sich gestellt.

Sie legten sofort los. Die Gruppen trafen sich kurz, um Ideen zu diskutieren, dann eilten die Gruppenmitglieder umher, sammelten Daten und dachten über Alternativen nach. Eine Stunde, dreißig Minuten und fünf Minuten vor Ablauf der Zeit warnte ich sie. Nach einer kurzen Pause kamen alle zusammen, um die Lösungsvorschläge der Gruppen zu bewerten. Es gab viele Diskussionen, Fragen, Vorschläge und Klarstellungen. Nach einer Stunde einigten sich alle auf vier Lösungen, die während der Diskussionen modifiziert wurden. Nach dem Mittagessen gab ich jeder Gruppe drei Stunden, um die Lösungen umzusetzen. Wir besprachen, wie es ihnen ging und was wir am Montag tun mussten, um sicherzustellen, dass jeder wusste, was zu tun war.

Nach drei Stunden machten wir eine Pause und kamen dann wieder zusammen. Drei der Gruppen waren erfolgreich bei der vollständigen Umsetzung ihrer Ideen, einschließlich der Aktualisierung der Verfahren und der Überarbeitung von Beschilderungen sowie dem Umzug von Möbeln, wo nötig. Die andere Gruppe tat alles, was *sie tun konnte, aber sie brauchte Hilfe von einem anderen Büro, bevor sie ihre Pläne vollständig umsetzen konnte.*

Am Montag starteten wir mit den drei neuen Verfahren, das andere Büro half bei der Umsetzung des letzten. Wir waren frei. Da das Team den Prozess »besaß«, konnten sie ihn zum Laufen bringen. Nach einem anstrengenden Tag und den Kosten für Überstunden hatten wir einen völlig neuen Betrieb — effizient und kundenorientiert — und ein energiegeladenes, motiviertes Team.

Anweisungen müssen sein

Anweisungen zu erteilen ist eine Aufgabe, der sich alle Führungskräfte gegenübersehen. Ob diese Anweisungen schriftlich oder mündlich erteilt werden, ist oft eine Frage der Situation oder der Dringlichkeit. Grundsätzlich gilt: Je souveräner die Anweisung erteilt wird, desto souveräner die Führungspersönlichkeit.

Viele Führungskräfte haben Probleme damit, ihren Mitarbeitern Anweisungen zu erteilen, weil sie nicht »befehlen« wollen. Anweisungen sind jedoch keine Befehle, sondern zuweilen effizienter als Sitzungen und Diskussionen und deshalb häufig notwendig.

Je souveräner die Anweisung erteilt wird, desto souveräner die Führungspersönlichkeit.

Entschuldigen Sie sich nicht dafür, wenn Sie eine Anweisung erteilen, und relativieren Sie nichts, etwa: »Es tut mir leid, aber das müsste jetzt dringend erledigt werden.« Was wichtig ist und was nicht, bestimmen nur Sie. Sie untergraben Ihre eigene Führungsstärke, wenn Sie Ihren Auftrag abmildern. Machen Sie für sich selbst deutlich, warum eine Anweisung notwendig ist und was damit erreicht werden soll. Ihre Aufgabe ist es, Ergebnisse zu erzielen, Ziele zu setzen und zu erreichen. Wenn eine Anweisung in einer konkreten Situation effizienter ist als eine Diskussion, hat sie ihre Berechtigung.

Was wichtig ist und was nicht, bestimmen nur Sie.

Machen Sie den Sinn der Anweisung für die Betroffenen deutlich und bieten Sie Ihre Hilfe bei möglichen Schwierigkeiten an. Teilen Sie Ihren Mitarbeitern mit, bis wann der Auftrag erledigt sein soll, ob Hilfsmittel oder Unterstützung nötig sind und ob, in welcher Form und an wen darüber berichtet werden soll.

Je klarer Ihre Anweisung ist, desto weniger Unstimmigkeiten und Missverständnisse wird sie hervorrufen. Klare Anweisungen zeigen die Fähigkeit einer Führungskraft, intelligent zu delegieren.

Welche Folgen es haben kann, wenn ein Wirrwarr von Anweisungen und Ausführung jahrelang nicht behoben wird, schildert Jim in Form eines besonders eindrucksvollen Beispiels – oder sollten wir sagen »ausdrucksvoll«?

Irgendetwas stimmte nicht in der Abteilung für Einwanderungsvisa. Die Mitarbeiter waren ständig beschäftigt und die Kunden waren zufrieden. Das war großartig, aber ich konnte nicht herausfinden, warum sie so beschäftigt waren: Angesichts ihres Volumens waren sie übersetzt. Es war ein Rätsel.

Ich beauftragte die Leiterin der Abteilung, die Abläufe von oben nach unten durchzugehen und herauszufinden, warum die Einheit so ineffizient war. Eine Woche später brachte sie mir alle Daten und die Aufzeichnungen über die Abläufe und erklärte, die Einheit sei sehr effizient und nicht ineffizient. Nicht nur das, die Mitarbeiter waren sicher, dass ihre Prozesse funktionierten und sie nichts ändern müssten. Ich quetschte die Abteilungsleiterin über jedes Detail ihrer Analyse aus, aber ich konnte keine Lücken finden. Ich wusste, es lief falsch, aber ich konnte nicht herausfinden, warum.

Ich war verwirrt, aber ich hatte für die nächsten Monate keine Zeit, mich mit dieser Abteilung zu beschäftigen. Dann übernahm eine neue Leiterin die Einheit und kam zu mir, um ihre Pläne zu besprechen und meine Bedenken zu hören.

Sie war sicherlich klüger als ich, also beauftragte ich sie, die Abläufe erneut zu analysieren und mir zu erklären, warum die Abteilung so ineffizient war. Ich gab ihr zwei Wochen. Sie überbrachte dieselben Nachrichten: Die Einheit war effizient und es musste nichts geändert werden. Hm. Das waren talentierte Leute, die mir das erzählten, aber ich war immer noch davon überzeugt, dass etwas falsch war.

In den nächsten Wochen habe ich den Abläufen etwas mehr Aufmerksamkeit gewidmet. Und ich bemerkte ein merkwürdiges Detail: Die Beamten unterschrieben alle Ausdrucke ihrer Daten. Ich konnte nicht herausfinden, warum.

Bei unserem nächsten wöchentlichen Meeting fragte ich nach den Ausdrucken.
»Oh, das sind die Ergebnisse von Namensprüfungen bei Visumsantragstellern. Die
Beamten müssen sie unterschreiben, um zu bestätigen, ob negative Informationen
über die Antragsteller vorliegen.«
        »Was?! Diese Anweisung gilt seit vier Jahren nicht mehr!«
        »Ja, aber die Ausdruckergebnisse unterscheiden sich von den automatischen Na-
mensüberprüfungen. Also müssen wir sie ausdrucken und unterschreiben.«
        »Was? Das kann nicht sein! So funktioniert das System nicht. Ein Namecheck ist
ein Namecheck.«
        »Nun, sie sind anders. Ich habe das überprüft.«
        »Perfekt. Das ist ja interessant. Könnten Sie mir bei unserem nächsten Treffen
mitteilen, warum sie anders sind?«
        Die nächste Woche kam, und ich war überrascht, als die Abteilungsleiterin zu
unserem wöchentlichen Meeting mit ihrem Stellvertreter erschien. »Kommt rein, Leu-
te. Wie gehts?«
        »Nun, Sie werden es nicht glauben«, begann die Leiterin. »Wir haben alles heraus-
gefunden. Die Geschichte besteht aus zwei Teilen und ich habe Joe mitgebracht, damit
er den zweiten Teil erläutert. Ihre Fragen haben uns geholfen, das ganze Durcheinan-
der zu entwirren.«
        Es stellte sich heraus, dass die Abteilung das neue Verfahren zur Einreichung von
Zehntausenden von Anträgen, die uns vom Visumsbearbeitungszentrum in den USA
zugestellt wurden, nicht mochte. Zehn Jahre vor meinem Antritt hatte ein Abteilungs-
leiter beschlossen, dass wir unsere Methode fortsetzen sollten. Es kostete nur wenig
Geld, die Dateien an unser System anzupassen, denn die Arbeit war günstig zu be-
kommen.
        Einige Jahre nach dieser Entscheidung wurden wir angewiesen, alle Ergebnisse der
Namensüberprüfungen auszudrucken und alle mit negativen Ergebnissen zu unter-
zeichnen, um zu bescheinigen, dass die Informationen nicht auf die Person oder die Vi-
sakategorie anwendbar waren. Diese Anweisung galt etwa sechs Monate, dann wurde
die Software automatisch aktualisiert.
        Das war in Ordnung, aber die Mitarbeiter bemerkten, dass die Ergebnisse des
Namechecks zwischen dem Ausdruck und dem, was die Beamten sahen, unterschied-
lich waren. Sie konnten die Diskrepanz nicht erklären, also druckten sie weiter alles
aus. Das war vier Jahre vor meiner Ankunft, und Hunderttausende von Seiten waren

ausgedruckt, unterschrieben und völlig umsonst in die permanenten Akten aufgenommen worden.

»Okay, interessant. Und was ist der zweite Teil der Geschichte?«

Es stellte sich heraus, dass wir die Anträge nicht mehr einfach neu angelegt hatten.

»Um mit den technologischen Veränderungen Schritt zu halten, hat die Abteilung nun die Schlüsseldaten für jeden Bewerber elektronisch in das Online-System eingegeben. Unsere Mitarbeiter mussten nun jeden Antrag übernehmen, die Datenbank öffnen und den Namen in der Datenbank aktualisieren, damit er unserem Ablagesystem entspricht.«

»Okay, das bedeutete eine Menge Zeitaufwand für die Mitarbeiter.«

»Ja, aber es ist noch schlimmer, als Sie denken: Wir sind die Einzigen, die wissen, dass wir dies tun, und das bedeutet, dass Namensüberpüfungen, die mit der bevorzugten Abfertigungsreihenfolge der Abteilung laufen, unsere Fälle wahrscheinlich nicht anzeigen.«

»Okay, das sind nicht gerade die besten Neuigkeiten!«

»Ja, und es kommt noch dicker: Wenn die Bewerber zu einem Vorstellungsgespräch kommen, müssen wir die Namen erneut in das System eingeben, damit das Visum beim Ausdruck mit dem System der Aufnahme übereinstimmt und damit unsere Bewerber keine Probleme haben, in die USA zu gelangen. Deshalb laufen die Namechecks anders: Die Mitarbeiter drucken sie aus, bevor sie den Namen ändern, was zu einer doppelten Anzahl von Namechecks und anderen Ergebnissen führt.«

»Also haben wir die Dateneingabe zweimal umsonst gemacht, wir haben Hunderttausende Checks für nichts ausgedruckt, und das schon seit fast zehn Jahren. Ist das so korrekt?«

»Ja.«

»Und, nun?«

»Wir werden Folgendes tun, um das zu beheben: Wir werden aufhören, die Namen in unserem System zu ändern und separate Namechecks sofort auszudrucken. Wir haben den Plan, unsere 15 000 Dateien innerhalb eines Monats zu reorganisieren.«

»Perfekt! Außer, dass ich Ihnen nur zwei Wochen Zeit geben werde. Jeder, auch ich, hilft dabei, das zu schaffen. Und Überstunden sind erlaubt! Zeigen Sie mir morgen den Plan, wie das geht. Oh, und bei unserem nächsten Meeting will ich sehen, wie sich diese Änderungen auf Ihre Arbeitslast und Ihren Personalbedarf auswirken werden.«

Sie haben es tatsächlich sogar innerhalb einer Woche geschafft. Der Personal-bedarf reduzierte sich von acht auf vier Personen, die anderen vier konnten in eine unterbesetzte Abteilung wechseln. Und wir entfernten die lokale Leiterin, die dieses Problem zehn Jahre lang bestehen hatte lassen, von ihrem Posten.

4 Mitarbeiter richtig auswählen und beurteilen

Zu den verantwortungsvollsten Aufgaben von Führungskräften gehört die Auswahl und Beurteilung von Mitarbeitern. Heute kommt es nicht nur auf Fachwissen und berufliche Kompetenzen an – in zunehmendem Maß spielen Faktoren wie persönliche Kompetenz, emotionale Intelligenz, Teamfähigkeit und andere persönliche Kriterien eine Rolle. Auch das Temperament oder die Vitalität eines Bewerbers können wesentliche Gründe für eine Idealbesetzung – oder eine Ablehnung – sein. Nichts ist für ein Unternehmen fataler als eine Fehlbesetzung. Einen falschen Mitarbeiter in der falschen Position neu einzustellen, wird für eine Firma umso teurer, je später der Irrtum erkannt wird. Aber auch der Vorgesetzte, der Kompetenz und Leistungsvermögen seines Mitarbeiters falsch eingeschätzt hat und ihn mit einer Position über- oder unterfordert, leistet sich eine teure Vergeudung von Ressourcen. Und gute Mitarbeiter – das ist heute unbestritten – sind nun einmal die wertvollste Ressource eines Unternehmens.

Erfolgsvoraussetzungen für Auswahl und Beurteilung

Bei der Auswahl von Mitarbeitern wird das Fachwissen vorausgesetzt und es spielt nur eine kleine Rolle: In die engere Auswahl kommen sowieso nur Bewerber, die entsprechende Qualifikationen mitbringen. Dann gilt es nur noch, den oder die Bewerber mit der besten Leistungsfähigkeit zu erkennen und auszuwählen. Leistungsfähigkeit ist auch ein wichtiges Kriterium bei der Beurteilung von Mitarbeitern. Was kann der Mitarbeiter leisten? Mit welcher Aufgabe sollte er nicht betraut werden? Ist er überfordert oder unterfordert? Diese Fragen spielen bei Beurteilungen eine wichtige Rolle. Die Beantwortung zielt nur in geringem Maß auf die fachliche Kompetenz ab, denn die allgemeine

Leistungsfähigkeit setzt sich aus mehreren Faktoren zusammen, die für eine fundierte berufliche Beurteilung wesentlich sind.

Neben Fachwissen und Bildung sind etwa auch Arbeitstempo, Arbeitsqualität und Arbeitsstil von Bedeutung. Wer sehr schnell arbeitet, legt unter Umständen schlampige Ergebnisse vor. Wer sehr viel Wert auf Qualität legt, kann Probleme mit zeitlichen Vorgaben haben. Wo die Stärken und die Schwächen eines Mitarbeiters oder eines Bewerbers liegen, kann durch gezieltes Fragen und durch genaues Beobachten des (potenziellen) Mitarbeiters herausgefiltert werden. Weitere Erfolgsvoraussetzungen bei der Auswahl und Beurteilung der Leistungsfähigkeit sind:

▸ Sachliche und persönliche Interessen: Welche Interessen hat der Mitarbeiter (Hobbys, besondere Fachgebiete, persönliche Weiterbildung, Familie, persönliche Ziele)?

▸ Willensfähigkeiten und Temperament: Wirkt der Mitarbeiter eher aktiv (entschlossen, tatkräftig), eher passiv (geduldig, beständig, konzentriert) oder eher reaktiv (eigenwillig, rechthaberisch, trotzig)? Für welche Aufgaben ist welche Willensfähigkeit positiv?

▸ Charakter: Strahlt der Mitarbeiter Zuverlässigkeit, Verantwortungsbewusstsein und Vertrauenswürdigkeit aus? Welches Charakterbild hat er in seinen bisherigen Tätigkeiten abgegeben (Zeugnisse, Beurteilungen)?

▸ Vitalkraft: Wie belastbar ist der Mitarbeiter? Wie geht er mit Stress und Problemen um? Ist er häufig krank?

▸ Selbstbewusstsein und Persönlichkeitsaufbau: Wie sind äußeres Erscheinungsbild, Auftreten und Stimmungslage des Mitarbeiters? Gibt es Widersprüche, zum Beispiel zwischen Worten und Körpersprache?

▸ Einordnung: Besteht eine grundsätzliche Bereitschaft zur Zusammenarbeit?

Nach diesen Kriterien können Sie die allgemeine Leistungsfähigkeit eines Bewerbers oder Mitarbeiters einordnen. Sie wissen jetzt, welche persönlichen Voraussetzungen der Kandidat für die künftige Position und/oder Aufgaben mitbringt.

Gute Mitarbeiter – das ist heute unbestritten – sind die wertvollste Ressource eines Unternehmens.

Nun kommt es jedoch noch darauf an, ob der Bewerber/Mitarbeiter die besonderen Voraussetzungen für die Funktion erfüllt. Ein Anforderungsprofil, wie es etwa in Stellenanzeigen oder Stellenausschreibungen häufig enthalten ist, kann eine Auswahl oder Beurteilung sehr erleichtern.

Ein Bewerber für eine kaufmännische Tätigkeit muss zum Beispiel über unternehmerisches Denken und Initiative, also ausgesprochene Aktivität und Gewinnstreben verfügen, während es in technischen Berufen hauptsächlich auf einen ausgeprägten Realitätssinn, nüchternes Denken und sachliche Intelligenz, möglichst gepaart mit räumlichem Vorstellungsvermögen, ankommt.

Ein Verkäufer wiederum braucht gleich eine Reihe herausragender Eigenschaften: Neben Fleiß, Initiative, Ausdauer und Gewinnstreben sollte er auch über eine ausgeprägte Kontaktfähigkeit, über Einfühlungsvermögen, Selbstbewusstsein, sicheres Auftreten, eine optimistische Grundstimmung, Menschenkenntnis und darüber hinaus noch über Zuverlässigkeit, Vertrauenswürdigkeit und Verantwortungsbewusstsein als Charaktermerkmale verfügen, wenn er in seinem Beruf erfolgreich sein will.

Es scheint, dass es sich beim idealen Verkäufer um einen geistig äußerst gewandten, sehr extravertierten Kontaktmenschen handeln muss. Aber: Auch wenn Verkäufer im Gegensatz zu Technikern sehr viel Kontaktfähigkeit brauchen, sind es nicht unbedingt die »geborenen Kontaktmenschen«, die im Verkauf die größten Erfolge erzielen. In der Praxis werden sie häufig durch weniger kontaktgewandte Naturen übertroffen, da diese im Allgemeinen systematischer und zäher arbeiten, sowohl nach innen als auch nach außen. Der sehr extravertierte Verkäufertyp wird in der Praxis oft als oberflächlich, leichtfertig und geschwätzig empfunden. Der gute Verkäufer stellt sich stattdessen rasch auf den besonderen Ansatzpunkt des Kundeninteresses ein und kann gewandt in der Denkweise des Kunden argumentieren.

Bei der Auswahl geeigneter Personen für eine Stelle ist es also wichtig, die richtigen Fragen zu stellen, um herauszufinden, ob jemand die Fähigkeit des Problemlösers mitbringt. Jim denkt in solchen Situationen an ein Huhn – und erzählt uns, was es damit auf sich hat:

Sowohl in meinem privaten als auch in meinem beruflichen Leben wurde ich wiederholt daran erinnert, dass das Stellen der richtigen Fragen und das Setzen der richtigen Kri-

terien zu besseren Ergebnissen führen. Wenn ich darangehe, Fragen für ein Interview zu formulieren oder neue Kriterien aufzustellen, denke ich oft an diese Geschichte, die sich in Italien zugetragen hat:

Eine meiner Mitarbeiterinnen bereitete an einem Sonntagabend das Abendessen in ihrer Wohnung in Mailand zu. Es sollte ein wunderbares Festessen mit frischem Gemüse, gebratenem Huhn und Tiramisu zum Nachtisch werden. Etwa zwanzig Minuten, nachdem sie das Hähnchen in den Backofen gestellt hatte, hörte der Ofen jedoch auf zu funktionieren: Er hatte Strom, aber das Heizelement versagte den Dienst. Sie konnte das Problem nicht beheben, also schnitt sie das erst teilweise gegarte Huhn auf und sautierte es auf ihrem Herd.

Am nächsten Tag kam ein Wartungsteam aus dem Konsulat, um sich den Ofen anzusehen. Sie überprüften die Sicherungen, die Anschlüsse, die Steuerungen, konnten aber nicht herausfinden, warum der Ofen nicht funktionierte. Nach etwa einer Stunde, in der sie versuchten, das Problem zu beheben, fing eine lebhafte Diskussion auf Italienisch an. Dann wandte sich der Chef des Reparaturteams an meine Mitarbeiterin und fragte sie: »*Wie groß war das Huhn, das Sie braten wollten?*« *Man sagt immer, es gäbe keine dummen Fragen. Aber diese kam schon sehr in die Nähe einer solchen.*

Daran erinnere mich auch, wenn ich umherspaziere und mein Team etwas frage. Stelle ich eine Hühnerfrage? Ich hoffe nicht!

So stärken Sie Ihre Urteilskraft

Urteile müssen sein, ob bei der Bewerberauswahl oder bei der Mitarbeiterbeurteilung. Nur wenige Menschen verfügen über eine intuitive, sichere Urteilskraft. Doch wenn Sie sich über einige Hintergründe der Urteilskraft bewusst werden, können Sie Ihre persönliche Urteilskraft wesentlich verbessern.

Das Urteil muss sein:	Das erfordert:
Objektiv	Wirklichkeitssinn
Logisch	Kombinationsfähigkeit
Selbstständig	Geistige Initiative
	Gedankenreichtum
Bestimmt	Unterscheidungsvermögen
	Kritik, sicheres Erfassen
	des Wesentlichen

Ihren Wirklichkeitssinn und Ihre Kombinationsfähigkeit können Sie trainieren, wenn Sie Ihre Auffassungsfähigkeit (Beobachtungsgabe und Vorstellungskraft), Ihre Feinfühligkeit Menschen gegenüber und Ihre Unvoreingenommenheit ausbilden. Das heißt auch, sich negative Impulse bewusst zu machen, die falsche Urteile begünstigen können, und ihnen entgegenzuwirken. Zu diesen negativen Impulsen zählen zum Beispiel Hass oder Neid, Launenhaftigkeit, Eitelkeit, Eigensinn, Egoismus und – am gefährlichsten, weil am schwersten zu bemerken – die Macht der Gewohnheit.

Wenn Sie sich all der Kriterien immer bewusst sind, die Ihre Urteilskraft stärken oder schwächen können, trainieren Sie automatisch Ihren intuitiven Verstand und Ihr Selbstbewusstsein, beides die Grundlage für ein sicheres Urteilsvermögen. Die systematische psychologische Beurteilung erfordert:

▸ Nüchternheit: objektive Feststellung von Tatsachen

▸ Gründlichkeit: keine vorschnelle Verallgemeinerung

▸ Planmäßigkeit: systematisch auf die wesentlichen Beurteilungspunkte achten

▸ Psychologische Betrachtung: Immer nach den Gründen fragen und sich in den anderen hineinversetzen

Die Punkte, die Alexander im Zusammenhang mit Urteilskraft angesprochen hat, sind für mich auch wichtig, wenn es um Feedback geht – das man nicht nur geben, sondern auch annehmen können muss! Die meisten von uns haben wahrscheinlich in Seminaren oder Kursen gehört, dass gutes Feedback ein »Geschenk« sei. Aber es fühlt sich nie so an. Negative Rückkopplung, die einen Nerv trifft oder Sie dazu veranlasst, innezuhalten, kann schmerzhaft sein. Es ist unglaublich schwierig für viele Menschen, Feedback zu geben, und in vielen Fällen ist das Feedback nicht hilfreich. Wir wissen einfach nicht, wie man auf gutes Feedback hört und es fördert.

»Wow! Das war eine großartige Veranstaltung. Aber ich habe bei dieser Frage über unsere Politik gegenüber dem Irak nicht gut reagiert. Es war zu lang und weitschweifend. Ich hätte einfach sagen sollen, dass ich es nicht wusste! Das war ätzend. Wie hätte ich diese Antwort verbessern können? Was habe ich sonst noch falsch gemacht?« Etwas in der Art sage ich immer, sobald meine Mitarbeiter und ich zurück ins Büro fahren. Und sie wissen, dass diese Fragen kommen.

Auf der Fahrt zur Veranstaltung, egal wer im Auto ist – von einem neuen Praktikanten bis zum erfahrensten Mitarbeiter –, überprüfe ich alle schriftlichen Unterlagen und frage nach, warum wir die Veranstaltung durchführen und wie sie erfolgreich werden kann. Ich erinnere sie daran, dass ich von ihnen erwarte, mir auf dem Rückweg Feedback zu geben, ob wir unsere Ziele erreicht haben, was ich gut gemacht hätte und was ich verbessern könnte. Mit diesen Gesprächen bin ich gut vorbereitet und fühle ich mich gut. Und sie erlauben mir, meine Erwartungen an die Rückfahrt zu definieren.

Natürlich geht es bei diesen Gesprächen nicht nur um meine Leistung, sie helfen mir auch, ein positives Umfeld zu schaffen, ich höre von Dingen, die es vielleicht nicht in das Briefing-Paper geschafft haben, und es ist eine wunderbare Gelegenheit für mich, sie zu beurteilen: Verstehen sie, was unsere Ziele sind, und fühlen sie sich wohl genug, um mir ein ehrliches Feedback zu geben?

Da ich oft öffentliche Veranstaltungen mache, könnte man meinen, dass ich es gut mache und nichts wirklich verbessern muss. Ich bin in der Tat ziemlich gut, aber ich habe immer noch schlechte Angewohnheiten und jede Veranstaltung ist anders. Noch wichtiger ist, dass die Mitarbeiter die Events anders sehen als ich. Sie erleben sie anders als ich. Und so nütze ich die Gelegenheit, von diesen Gesprächen auf dem Rücksitz etwas zu lernen.

Das funktioniert im Allgemeinen sehr gut und ich bekomme tolle Ideen, wie man Antworten optimieren und besser auf das Publikum reagieren kann. Ich lerne oft mehr von Mitarbeitern als über meine Leistung.

Für neue Mitarbeiter und Praktikanten kann es extrem schwierig sein, den Chef zu kritisieren, und so höre ich oft ein wenig aussagekräftiges »Das hast du wunderbar gemacht«. Das kann daran liegen, dass sie von der Veranstaltung so überwältigt waren, dass sie nicht wussten, worauf sie achten sollten, oder dass sie sich nicht vorstellen können, den Chef zu kritisieren. Dann dränge ich sie weiter, um ihnen klarzumachen, dass sie mich kritisieren dürfen, und um ihnen dabei zu helfen, zu verstehen, worauf sie achten sollen.

Die meiste Zeit jedoch erreichen sie nach einer kurzen Verlegenheit einen Punkt, an dem sie erkennen, dass ich es ernst meine und dass sie nichts zu befürchten haben. Ich lerne aus diesen Interaktionen so viel!

Einige konzentrieren sich auf die Musik und die Tonalität der Veranstaltung. Sie sprechen über die Stimmung und wie das Publikum interagierte. Ihnen entgehen die

Details. Andere konzentrieren sich auf die Details und verpassen die größere Inter-aktion. Am besten, wir konzentrieren uns auf unsere Ziele und reflektieren, ob wir sie erreicht haben, was gut gelaufen und was nicht so gut gelaufen ist.

Gelegentlich sagt jemand etwas über das Gespräch, was wir alle bemerkt haben, aber nicht darauf eingegangen sind. Einmal hatte ich nach einem Treffen mit Studen-ten ein volles Auto mit fünf anderen Leuten, die mit mir fuhren. Als wir das Ereignis Revue passieren ließen, hörte ich eine Reihe von unbedeutenden Kommentaren, doch unser leitender politischer Analyst meinte: »Jim, du hättest nicht zulassen dürfen, dass dieser eine Student damit davonkam, den Präsidenten als ,Faschisten' zu bezeichnen.« Stille trat ein. Die mitfahrenden Praktikanten waren schockiert, dass der er sich so unverblümt geäußert hatte. Und der Rest von uns verdaute, was er gesagt hatte. Wir erinnerten uns genau an den Studenten und den Austausch – es war eine Art Wende-punkt in dem zweistündigen Meeting gewesen. Er hatte einen wichtigen Punkt getrof-fen, den wir alle beschönigt hatten.

Es folgte eine unglaubliche Diskussion. Einige wollten mich verteidigen, aber ich erinnerte sie daran, dass es in dem Kommentar nicht um mich ging, sondern um eine Schlüsselinteraktion mit einem aggressiven, wütenden Mitglied des Publikums. Es war eine großartige Diskussion, die uns alle zum Nachdenken brachte.

Vorstellungsgespräche führen

Achten Sie bei einem Vorstellungsgespräch nicht nur darauf, dass der künftige direkte Vorgesetzte beim Gespräch anwesend ist - er muss schließlich später mit dem Bewerber zusammenarbeiten -, sondern sorgen Sie für eine angeneh-me, vertrauensvolle Gesprächsatmosphäre. Ein Vorstellungsgespräch ist für den Bewerber immer eine Situation voller innerer Anspannung bis hin zur Einschüchterung. Lockern Sie die Atmosphäre deshalb mit unverbindlichen Themen, stellen Sie menschlichen Kontakt her - und bringen Sie mit einem langsamen Spannungsaufbau den Bewerber zum Reden. Führen Sie das Vor-stellungsgespräch Schritt für Schritt wie folgt durch:

1. **Zeit nehmen:** Nur durch eine mehrstufige Gesprächsführung kann man eine Vertrauensbasis mit einem potenziellen Mitarbeiter aufbauen.
2. **Gemeinsame Zielfindung:** Sinn der zu erfüllenden Aufgabe.

3. Testphase: Fordern Sie einen persönlichen Gefallen des Bewerbers ein, um die Bereitwilligkeit des Bewerbers auszuloten.

4. Gefälligkeit anbieten, um »sich gegenseitig etwas schuldig zu sein« (3. und 4. müssen nicht unbedingt mit dem eigentlichen Beruf zu tun haben): Dies dient der Gemeinschaftsbildung.

5. Einschwören auf das gemeinsame Ziel für das Unternehmen

Achten Sie darauf, wie der Bewerber die Fragen beantwortet, ob er Blickkontakt hält, bei der Antwort zögert oder zu hastig ist. Wirkt er fahrig und nervös oder gelassen und ruhig? Ist er unsicher oder strahlt er Sicherheit aus? Widerspricht er sich in seinen Aussagen? Wirkt er lebhaft, mühsam beherrscht, begeisterungsfähig, kann er sich gut ausdrücken, versucht er Unsicherheit mit »Glätte« zu überspielen ...? Machen Sie sich ein objektives Persönlichkeitsbild von dem Bewerber. Je anspruchsvoller die bevorstehende Aufgabe ist, je mehr die Position Umgang mit Menschen verlangt, desto wichtiger ist die persönliche Eignung.

Im ersten Bewerbungsgespräch wird oft zu vorsichtig, in den folgenden oft zu kritisch geurteilt. Rekonstruieren Sie deshalb alle Gespräche gedanklich und stellen Sie Vergleiche an. Wenn Sie Zweifel haben oder nicht ganz sicher in Ihrem Urteil sind, laden Sie alle in Frage kommenden Bewerber zu einem zweiten oder auch dritten Vorstellungsgespräch ein, bis Sie guten Gewissens zu einer sicheren Entscheidung kommen. Nehmen Sie sich Zeit für die Auswahl. Von Ihrer Entscheidung hängt Ihr Erfolg ab.

Falls Sie nicht allein mit der Einstellung des Bewerbers betraut sind, empfiehlt es sich, einen Kriterienkatalog zu erstellen, zu dem alle an der Einstellung Beteiligten ihr Urteil abgeben. So können etwa Fachkompetenz oder Persönlichkeitsmerkmale wie Stimmungslage, Kontaktfähigkeit, Ausdrucksweise etc. in einem klar definierten Benotungs- oder Punktesystem bewertet werden. Dieses System eignet sich auch hervorragend für die Beurteilung von Mitarbeitern.

Keine Beurteilung »von der Stange«!

Die Position des IT-Leiters ist eine unternehmenskritische Funktion, speziell dann, wenn die zentralen Aktivitäten eines Betriebs von einer funktionierenden IT-Infrastruktur abhängig sind. Jim war an der Auswahl eines neuen IT-Leiters beteiligt und eigentlich sah alles gut aus – bis sich nach einem Systemabsturz herausstellte, dass es nach der Einstellung unterschiedliche Versäumnisse sowohl IT-technischer wie führungstechnischer Art gegeben hatte, die man nicht ausreichend beachtet hatte.

Sie können die beste Person einstellen, aber wenn Sie sie nicht unterstützen und führen, werden Sie dennoch scheitern.

Ich war Teil des Teams, das die Bewerbungen für unseren neuen IT-Leiter prüfte. Es handelte sich um eine talentierte Gruppe von Bewerbern, aber es war immer noch ziemlich einfach, die Top 5 für ein Folgeinterview mit unserem Chef und einem IT-Experten herauszufiltern, um die endgültige Auswahl zu treffen. Die fünfköpfige Gruppe bestand aus qualifizierten Personen mit Erfahrung in großen und kleinen Betrieben. Nach dem Interviewprozess wählten sie die jüngste Person aus, die Erfahrung mit einer ähnlichen, aber viel kleineren Organisation hatte. Es war eine gute Wahl.

Leider haben wir den Mann im Stich gelassen. Wir waren nicht in der Lage, ihm das Mentoring und Coaching zu bieten, das er brauchte, um in die neue Aufgabe und die Verantwortung hineinzuwachsen. Er war Teil eines unterstützenden Teams, aber niemand war in der Lage, ihn bezüglich der unterschiedlichen Kulturen und der weltweiten Anforderungen seines neuen Jobs zu betreuen und zu coachen. Er war sich dessen auch selbst nicht bewusst, es war ihm nicht klar, dass er Hilfe bräuchte oder welche Art von Hilfe dies hätte sein können. Er hielt seine technischen Fähigkeiten für ausreichend. Da er eloquent war und umfangreiche IT-Kenntnisse hatte, lebte er sich jedoch in seine neue Rolle gut ein. Aber für diejenigen von uns, die routinemäßig mit ihm arbeiteten, war klar, dass er sich nicht auf die richtigen Dinge konzentrierte und dass er sich selbst und sein Team überforderte.

Nachdem er etwas länger als ein Jahr im Einsatz war, stürzte unser gesamtes Netzwerk während eines Updates der Datenbanksoftware ab. Der Absturz legte unsere zentralen Aktivitäten für über eine Woche still – wir waren völlig gelähmt.

Das IT-Team arbeitete intensiv mit anderen Experten zusammen, um das Problem zu beheben. Mir wurde aber schnell klar, dass der IT-Leiter nicht in der Lage war, wichtige Fragen zu beantworten, was sein Team tat und wie das Problem gelöst werden sollte. Er taumelte und wir litten.

Es war mir klar, dass der IT-Leiter gehen musste. Leider sahen seine Chefs das Problem nicht. Also ging ich daran, herauszufinden, wie diese Panne passieren hatte können und was sie taten, um das Problem zu beheben. Ich war entsetzt über das, was ich dabei entdeckte: Er und sein Team hatten während der Aktualisierung des Systems nicht einmal die grundlegendsten Industriestandards eingehalten und steuerten völlig unvorbereitet in die Katastrophe. Ich dokumentierte, was ich gefunden hatte, setzte mich mit seinem Vorgesetzten, der mit IT nicht vertraut war, zusammen und ging die Fehler Punkt für Punkt mit ihm durch. Und ich drängte ihn, den IT-Leiter umgehend zu feuern.

Immer wieder und in manchen Fällen mit Zeitaufwand verbunden, den manche für zu hoch halten, ist es wichtig, den Mitarbeiter zu beurteilen. Diese Beurteilung findet zunächst intern bei dem oder den Vorgesetzten statt, indem man sich eine Meinung über den Mitarbeiter bildet.

Dieses Meinungsbild hält man als Grundlage schriftlich fest, es verlässt aber nicht den Kreis der Vorgesetzten. Dabei steht im Vordergrund, ob der betreffende Mitarbeiter oder die Mitarbeiterin für das Unternehmen einen Nutzen erbringt.

Beurteilt werden sollten in jedem Fall die effektive Leistung und Bewährung des Mitarbeiters, die Eignung für den Beruf und die damit verbundenen Anforderungen sowie die besonderen Stärken und Fähigkeiten wie zum Beispiel spezielle Fachkenntnisse, Fremdsprachen oder besonderes Verhandlungsgeschick. Dabei ist es wichtig, die Stärken hervorzuheben, und herauszufinden, wie sie für das Unternehmen wertvoll und nutzbar sein könnten.

Wichtig: Das Gespräch wird offen geführt, der Mitarbeiter wird in die Beurteilung einbezogen und von dem Ergebnis informiert. Mit seiner Unterschrift bestätigt er die Kenntnisnahme der Beurteilung.

Werden Sie der Chef, um den sich die besten Mitarbeiter reißen!

Die besten Chefs haben die besten Mitarbeiter. Das ist alles andere als ein Zufall, denn gute Vorgesetzte wissen, wie sie Mitarbeiter motivieren und von ihren Zielen begeistern können, sie wissen, wo die Stärken und die Schwächen ihrer Mitarbeiter liegen, und setzen sie dort ein, wo sie ihre Stärken voll entfalten können und ihre Schwächen nicht von Bedeutung sind. Sie können Menschen beurteilen und haben deshalb ein Gespür für Menschen, die das Team optimal ergänzen, sie fordern Leistung, weil sie Mitarbeiter haben, die gefordert werden wollen, aber sie fordern auf die weiche, die menschliche Art. Und deshalb bekommen sie, was sie wollen: die Besten.

Der Chef, um den sich die besten Mitarbeiter reißen, hat Ziele, große Ziele.

Mitarbeiter, die sich von ihrem Chef nicht anerkannt, sich schlecht informiert fühlen, sind unmotiviert und leisten weniger, als sie könnten. Die besten Mitarbeiter aber suchen mehr als nur einen Job: Sie suchen Anerkennung, wollen aktiv teilnehmen am Geschehen in der Abteilung, im Unternehmen, sie wollen Verantwortung tragen und an Entscheidungen beteiligt werden. Und sie wollen Ziele.

Der Chef, um den sich die besten Mitarbeiter reißen, hat Ziele, große Ziele. Er möchte Menschen um sich haben, die mit ihm gemeinsam diese Ziele erreichen, die davon genauso begeistert sind wie er selbst. Der Chef, der das Feuer der Begeisterung in sich spürt, kann auch andere damit entzünden. Er hat ein natürliches Selbstbewusstsein, er hat Charisma.

Der selbstbewusste, charismatische Chef kann auch mit selbstbewussten Menschen umgehen. Selbstbewusste Menschen, die aktiv mitgestalten wollen, haben ihre eigene Meinung, sind kritisch und anspruchsvoll – doch der selbstbewusste Chef kann mit anderen Meinungen, mit hohen Ansprüchen und Kritik umgehen, weil er keine Angst hat vor Autoritäts- und Machtverlust. Er hat die Macht und er weiß es, aber er muss diese Macht nicht demonstrieren und ausnutzen, indem er andere klein macht.

Er ist immer der Boss, nicht aufgrund seiner Position, sondern aufgrund seiner Persönlichkeit. Deshalb kann er großzügig sein. Bei einer charismatischen Persönlichkeit kann sich jeder entfalten – nicht nur so gut sein, wie er sein könnte, sondern so gut, wie er wirklich ist. Der Beste sein.

Der Chef, um den sich die besten Mitarbeiter reißen, hat Führungsstärke durch:

- ▶ Charakterfestigkeit
  Vertrauenswürdigkeit, Gerechtigkeitssinn, Selbstdisziplin, Bescheidenheit
- ▶ Selbstbewusstsein
  Selbstsicherheit, Selbstvertrauen, Optimismus, Überzeugungskraft
- ▶ Innere Ruhe
  Ausgeglichenheit, Gelassenheit, Standfestigkeit
- ▶ Zielbewusstsein
  Weitblick, Liebe zur Sache, Begeisterung
- ▶ Konsequenz im Handeln
  Aktivität, Tatkraft, Ausdauer, Durchsetzungskraft, Beständigkeit, Risikobereitschaft, Vitalkraft, Organisationsfähigkeit
- ▶ Verständnisbereitschaft
  Einfühlungsfähigkeit, Menschlichkeit, Mitempfinden
- ▶ Instinkt
  Menschenkenntnis
- ▶ Selbstständiges Denken
  Wirklichkeitssinn, Kritikfähigkeit, Nüchternheit, Objektivität, Blick für das Wesentliche
- ▶ Kreatives Denken
  Einfallsreichtum, Kombinationsgabe

▶ Fachkönnen

Allgemeinbildung, Sinn für das Ganze, Überblick, Vorbildfunktion

▶ Charisma

Starke persönliche Ausstrahlung, suggestive Wirkung, Begeisterungsfähigkeit

Situativ. Empathisch. Lösungsfokussiert. Und das mit ganz viel Persönlichkeit!

S.E.L.P., das Enkelmann-Führungs-Modell, ist eine Weiterentwicklung des situativen Führungsstils.

Situativ

Menschen sind unterschiedlich, daher tickt jeder Mitarbeiter anders. Jeder hat seine besondere Begabung, die zum Erfolg des Unternehmens beitragen kann. Die Führungskraft von morgen muss diese Begabungen erkennen, fördern und weiterentwickeln.

Mit situativer Führung holt der Chef das Beste aus jedem Mitarbeiter heraus. Der situative Führungsstil hilft der Führungskraft dabei, auf jeden Einzelnen einzugehen. Die Führungskraft, die situativ führt, schaut sich jede Herausforderung genau an und findet eine maßgeschneiderte Lösung.

Führen ist keine Fließbandarbeit. Es geht nicht mehr darum, nach einem vorgegebenen Schema zu führen, sondern um Flexibilität: Manche Mitarbeiter brauchen mehr Anleitung, andere wiederum kommen am besten ohne Anweisungen zurecht. In manchen Situationen muss man abwarten und in anderen blitzschnell handeln. Die Führungskraft, die sich dessen bewusst ist, wird die Fähigkeiten der Mitarbeiter ausbauen und fördern. Sie wird das Prinzip des Delegierens zum Nutzen der gesamten Organisation optimieren.

Die Komplexität der heutigen Arbeitswelt braucht mehr kluge Köpfe, die Verantwortung übernehmen und mitdenken. Mit dem situativen Führungsstil lenkt die Führungskraft die Ressourcen der Menschen je nach den Zielen, die man gemeinsam erreichen will, und den individuellen Bedürfnissen in die richtigen Bahnen.

Empathisch

Der neue, in die Zukunft weisende Führungsstil hat erkannt, wie wichtig die Arbeit für den Menschen ist. Menschen brauchen eine Aufgabe, in der sie Sinn erkennen, und eine Gemeinschaft, zu der sie sich zugehörig fühlen. Mehr noch brauchen sie mehr denn je Wertschätzung und das Gefühl der Anteilnahme.

In England plant man ein Ministerium für Einsamkeit, denn man hat erkannt, dass dieses Gefühl krank macht. Trotz aller sozialen Medien fühlen die Menschen sich zunehmend unverstanden und allein. Der Strom der Informationen und der Leistungsdruck erzeugen ein Klima, in dem Empathie keinen Platz hat. Bis hin zu einer Gesellschaft, in der es kein Mitgefühl, sondern nur Gleichgültigkeit gibt. Wo man sich auf Familienstrukturen nicht mehr verlassen kann und hinaus in die Welt zieht, um individuelle Lebensträume zu verwirklichen, wächst zugleich die Sehnsucht nach Zugehörigkeit. So wird der Arbeitsplatz zum zweiten Heim und die Kollegen werden zur neuen Familie.

Führung ist keine Routineaufgabe, es braucht Flexibilität, Fingerspitzengefühl und die Gabe zuzuhören. Nur durch aktives Zuhören kommt man den wahren Bedürfnissen und Motiven auf die Spur. Durch Zuhören finden wir die Antworten, die wir brauchen, um zum Erfolg zu führen. Gleichzeitig ist Zuhören ein Zeichen größter Wertschätzung.

Der Arbeitsmarkt in den meisten Branchen hat sich zu einem Arbeitnehmermarkt entwickelt. Der qualifizierte, motivierte Arbeitnehmer sucht sich den Arbeitgeber aus, der am besten zu ihm passt, ihm die reizvollste Aufgabe bietet. Dabei ist die Bezahlung nicht ausschlaggebend, wenn das Umfeld stimmt. Der Vorgesetzte als reiner Befehlsgeber ist aus der Mode gekommen. Stattdessen sind Sinn und Gemeinschaft, Autonomie und Kreativität, Zusammenarbeit und Selbstorganisation angesagt – mit dem Chef als Primus inter Pares, als Erstem unter Gleichen.

Der Mensch sucht Klarheit, Führung und Halt, er braucht Sicherheit und ein großes Maß an Geborgenheit, um seine Arbeit voller Vertrauen ausüben zu können. Die wichtigste Managementkompetenz ist heute die Fähigkeit, das Verhalten anderer Menschen oder eines Teams zu verstehen und zutreffend vorherzusagen. Das Erfolgsgeheimnis im Umgang mit anderen Menschen ist daher Empathie, das wichtigste Merkmal der emotionalen Intelligenz.

Lösungsfokussiert

Der Leader der Zukunft ist Motivator, Moderator und Koordinator, er führt seine Mitarbeiter lösungsfokussiert.

Der situative Führungsstil ist immer lösungsorientiert: Er berücksichtigt die Bedürfnisse der Einzelnen und unterstützt bei der Bewältigung von Problemen und Konflikten.

Der echte Leader setzt immer wieder Impulse, die andere von seinen Ideen nicht nur überzeugen, sondern sie dafür begeistern. Durch ihn wächst der Glaube an die Möglichkeiten, scheinbar unlösbare Probleme gemeinsam lösen zu können.

Die Führungskraft als Visionär und Wegbereiter inspiriert und motiviert. Sie gibt das große Ziel, die Rahmenbedingungen vor, delegiert Verantwortung ans Team und fördert die Kompetenzen der Einzelnen. Sie setzt Vertrauen in die besten Mitarbeiter und stärkt die Teams. So macht sie die Besten immer besser und zieht kompetente Mitarbeiter an, die eine neue Heimat suchen.

Einem echten Leader ist es selbst ein großes Bedürfnis, vor allem andere Menschen erfolgreich zu machen und von Erfolg zu Erfolg zu führen. Erfolge, an denen jeder beteiligt ist und sich beteiligt fühlt: Das ist der Führungsstil der Zukunft! Führungskräfte, die dies praktizieren, sind die Chefs, um die sich immer die besten Mitarbeiter reißen werden.

Persönlichkeit

In einer Gesellschaft, in der es viele hervorragend ausgebildete Theoretiker gibt, zählt im Grunde genommen nur die herausragende Persönlichkeit. Denn nie waren Menschen, die andere Menschen souverän zum Erfolg führen können, so wertvoll wie heute.

Man kann sich nicht in jeden Menschen verlieben, nicht in jede Aufgabe! Es muss einfach passen. Und eine Führungskraft mit einer starken Persönlichkeit hat einfach die besseren Chancen, die besten Mitarbeiter für sich zu gewinnen. Für eine Führungskraft, der es gelingt, ihre Mitarbeiter für den Sinn des Handelns zu begeistern, werden die Menschen ihr Bestes geben.

Bei der Auswahl einer Führungskraft entscheidet am Ende immer die Persönlichkeit – daher brauchen wir nicht nur Fachwissen, sondern viel mehr Optimismus. Wir brauchen Persönlichkeiten, denen die Mitarbeiter gerne folgen.

Das Geheimnis erfolgreicher Führungskräfte ist die Stärkung der eigenen Persönlichkeit. Nicht das Auto sollte glänzen, sondern die Persönlichkeit. Nur eine starke Persönlichkeit kann und wird ihre Mitarbeiter noch erfolgreicher machen. In Zeiten der Krise bewahrt sie einen kühlen Kopf und trifft kluge Entscheidungen. Ein Leader, der dies gelernt hat, wird am Ende gewinnen.

Ja, Sie haben die Entwicklung der eigenen Einzigartigkeit und inneren Sicherheit selbst in der Hand!

Die neun Führungsprinzipien

▷ 1. Führe dich selbst!
▷ 2. Klarheit siegt!
▷ 3. Finde die besten Mitarbeiter!
▷ 4. Mach deine Mitarbeiter erfolgreich!
▷ 5. Halte das Team zusammen!
▷ 6. Delegiere alles!
▷ 7. Mach dir einen Namen!
▷ 8. Family first!
▷ 9. Führung muss inspirieren!

Bilden Sie sich weiter!

Nur über die Entwicklung der Stärken, der positiven Kräfte kommen Spitzenleistungen zustande. Die regelmäßige Weiterbildung ist deshalb für Führungskräfte unverzichtbar. Bei Trainingsmaßnahmen sollte bei Menschen mit Führungsverantwortung unbedingt die Persönlichkeitsentwicklung im Vordergrund stehen. Dazu gehört:

▸ Freies Reden – Rhetorik, Körpersprache, sicheres Auftreten, Präsentation
▸ Beurteilung und Behandlung von Menschen – Menschenkenntnis, Menschenführung
▸ Verkaufstechniken – Umgang mit Kunden
▸ Mitarbeitermotivation und Selbstmotivation
▸ Zeit- und Selbstmanagement
▸ Stärkung des Selbstbewusstseins – Charisma
▸ Stärkung der inneren Ruhe und Gelassenheit – Umgang mit Stress

Im Institut Dr. Enkelmann in Königstein werden Seminare angeboten, die die Persönlichkeitsentwicklung von Führungskräften in besonderem Maß berücksichtigen:

▸ Rhetorik und Körpersprache
▸ Der erfolgreiche Weg – Life-Management
▸ Mentales Training – Alpha-Training

Wenden Sie sich vertrauensvoll an uns, wenn Sie etwas für Ihre persönliche Weiterbildung tun wollen.

Führungskräfte in Wirtschaft und Industrie sind heute besonderen Anforderungen und Herausforderungen ausgesetzt. Ohne Weiterbildung, speziell im Persönlichkeitsbereich, läuft nichts. Längst hat Fachwissen nicht mehr den

Stellenwert wie noch vor wenigen Jahren. In einer Gesellschaft, in der es eine Vielzahl hervorragend ausgebildeter Fachkräfte gibt, zählt die herausragende Persönlichkeit. Denn nie waren Menschen, die andere Menschen souverän zum Erfolg führen können, so wertvoll wie heute.

DAS
FÜHRUNGS-
TRAINING

Werden Sie
der Chef
um den sich
die besten
Mitarbeiter
reißen.

- Die 11 Gesetze der Führung
- Umgang mit schwierigen Mitarbeitern
- Wie Sie zum Motivator werden
- Mitarbeiter-Typen & Gruppendynamik
- Führungsstile & Entscheidungsfindung
- Visions-Management:
  In fünf Schritten zur
  Führungspersönlichkeit
- Sieben Tipps zur echten
  Mitarbeitermotivation
- Der Alpha-Leader

Gewinnen Sie das
Vertrauen und den
Teamgeist Ihrer Mitar-
beiter. Chefs, Unternehmer
und Führungskräfte haben
nie gelernt, ihre Mitarbeiter zu
führen. Doch wer Menschen begeistern
kann, kann auf Zwang verzichten. Nutzen Sie das bewährte
Enkelmann-Erfolgs-System, um zu einer außergewöhnlichen
Führungspersönlichkeit zu werden.

ACHTUNG:
inkl. VIP Dinner
mit einer
außergewöhnlichen
Führungs-
persönlichkeit

nstitut Dr. Enkelmann • Altkönigstraße 38c • 61462 Königstein/Ts. • Telefon: 06174 20320 • www.enkelmann.de

Institut Dr. Enkelmann
Seminare für Ihren Erfolg

Der Erfolgreiche Weg
Das Intensiv-Training für eine großartige Zukunft

• Psychologie des Erfolgs • Zukunftsgestaltung • Die Gesetze der Lebensentfaltung • Optimismus • Erfolgswissen & Entfaltung der individuellen Persönlichkeit • Ressourcen aktivieren & verstärken • Praxisnahe Anleitung zu mehr beruflichem & privatem Erfolg • Persönliche Lebensträume erkennen & verwirklichen • Die 14 Gesetzt der Lebensentfaltung • Angewandte Hirnforschung und wirksame • Strategien des Wachstums • Neuprogrammierung des Denkens • Vom positiven und motivierenden Umgang mit schwierigen Kunden und Mitarbeitern • Maximale mentale Stärke

Mentale Stärke 3.0: Das Alpha-Training

• Die Macht des Unterbewusstseins erkennen & nutzen • Das Geheimnis der Sieger • Stärkung der Belastbarkeit • Entspannt nach oben • Innere Ruhe & Gelassenheit • Abbau von Stress & Ängsten • Gezielte Selbstmotivation • Steigerung der Lebensfreude & des Leistungspotenzials Leistungspotenzials • Körperliche und seelische Regeneration • Stärkung des Vertrauens • Entdecken Sie Ihre persönliche Genialität!

Rhetorik & Körpersprache

• Die Macht der Sprache • Menschen überzeugen und gewinnen • Sicher und souverän auftreten • Abbau von Lampenfieber • Die Stimme als Erfolgsorgan • Schwächen- & Stärkenanalyse • Menschenkenntnis & Körpersprache • Gekonnte Verkaufsrhetorik • Aufbau einer wirkungsvollen Rede • Menschenführung & Motivation • Der Schlüssel zur Macht • Rhetorik & Erfolg

Das neue Charisma-Training
Das Geheimnis positiver Ausstrahlung

• Die Macht des ersten Eindrucks • Persönliche Wirkungsanalyse • Unbewusste Wahrnehmungsprozesse erkennen und nutzen • Überzeugen mit Persönlichkeit • Reden lernen wie Obama • Menschenkenntnis & Körpersprache • 7 Schlüssel für mehr Charisma • Der WOW-Effekt • Emotionale Intelligenz • Symbole & Strategien der Macht • Einfach mehr Charisma!

Positive Schlagfertigkeit
Sicher auf Angriffe reagieren

• Souverän in Machtspielen gewinnen • Bluffs entzaubern • Den Spieß umdrehen – wie aus Feinden Freunde werden • Sich Gehör verschaffen • Die Kunst charmant NEIN zu sagen • Auf Verbalattacken gekonnt kontern • Angreifer charmant entwaffnen • Fallbeispiele aus Medien, Beruf und Alltag • Einwände entkräften • Mentales Schutzschild • Humor-Strategien • Einstecken und Austeilen • Körpersprache verstehen • Mit Sprache spielen • Lassen Sie sich nichts mehr gefallen! • Strategisch kommunizieren • 10 Techniken Sympathiepunkte zu gewinnen • 10 Antworten auf dumme Fragen • Nie mehr sprachlos!

Das Führungstraining
Wie Sie sich und andere noch erfolgreicher machen.

• Die 11 Gesetze der Führung • Umgang mit schwierigen Mitarbeitern • Wie Sie zum Motivator werden • Mitarbeiter-Typen & Gruppendynamik • Führungsstile & Entscheidungsfindung • Visions-Management: In fünf Schritten zur Führungspersönlichkeit • Sieben Tipps zur echten Mitarbeitermotivation • Der Alpha-Leader • Gewinnen, Vertrauen und Teamgeist • Die SELP – Methode

Das Erfolgstraining für Frauen

• Stärkung des Selbstbewusstseins • Grundlagen von Glück, Erfolg & Liebe • Souverän auftreten & frei sprechen • Stärken erkennen & gezielt nutzen • Wie Sie alles bekommen, was Sie wollen • Gekonntes Gefühlsmanagement • Glück in der Liebe • Männermotivation • Sich weich durchsetzen • Erfolgsgeheimnisse & Tricks erfolgreicher Frauen

Modernes Beziehungsmanagement:
Gemeinsam noch erfolgreicher!

• Geheimnisse glücklicher Paare • Partnerschaft & Karriere • Was Männer brauchen & Frauen glücklich macht • Überwinden von Krisen & Negativem • Sicherheit & Erfolg durch eine starke Partnerschaft • Unterschiede zwischen Männern und Frauen verstehen und humorvoll meistern • Tipps & Anregungen für eine positive & erfolgreiche Partnerschaft

Wie Sieger denken!

• Was unterscheidet den Sieger vom Verlierer? • Die Kunst, sich in einen Sieger zu verwandeln • Woran man den Sieger erkennt • 9 Dinge, die wir von Siegern lernen können • Gewinnen beginnt im Kopf • Misserfolge wegstecken – das Sieger-Gen aktivieren • Wirkungsvolle Kommunikation mit dem Unterbewusstsein • Innere Ruhe, Sicherheit und Überlegenheit • Warum so viele Menschen scheitern • Das Alpha-Training • Hemmungen einfach über Bord werfen, Ängste verlieren, Ziele erreichen!

Das Enkelmann Magazin

Anmeldung und Infos zu den Seminaren auf www.enkelmann.de

Institut Dr. Enkelmann • Altkönigstraße 38c • 61462 Königstein / Ts.
Telefon: 06174 20320 • info@enkelmann.de • www.enkelmann.de